.

民国掌故

庚子西狩丛谈

吴　永
——口述
刘治襄
——笔记
李益波
——点校

中 华 书 局

图书在版编目(CIP)数据

庚子西狩丛谈/吴永口述;刘治襄笔记;李益波点校. —北京:
中华书局,2025.5. —ISBN 978-7-101-17156-3

Ⅰ. K250.6

中国国家版本馆 CIP 数据核字第 2025JR9975 号

书　　名	庚子西狩丛谈	
口　　述	〔民国〕吴　永	
笔　　记	〔民国〕刘治襄	
点　　校	李益波	
责任编辑	杜艳茹	
文字编辑	欧阳红	
封面设计	刘　丽	
责任印制	陈丽娜	
出版发行	中华书局	
	（北京市丰台区太平桥西里 38 号　100073)	
	http://www.zhbc.com.cn	
	E-mail:zhbc@zhbc.com.cn	
印　　刷	河北新华第一印刷有限责任公司	
版　　次	2025 年 5 月第 1 版	
	2025 年 5 月第 1 次印刷	
规　　格	开本/850×1168 毫米　1/32	
	印张 6⅜　插页 2　字数 90 千字	
印　　数	1-2000 册	
国际书号	ISBN 978-7-101-17156-3	
定　　价	42.00 元	

目录

前　言

　　光绪二十六年（1900），八国联军攻入北京，慈禧太后偕光绪帝仓皇出逃，一路上狼狈不堪，全无仪方。怀来知县吴永是迎驾的第一位地方官，吴永仓促间预备供张，应对有方，故深受宠信，得以由知县超擢府道。慈禧一行逃至怀来县，方始稍安。随扈西行后，吴永奉旨办理随扈前路粮台。两宫西狩，吴永亲见往返情形，亲闻行宫琐事，熟知内情。民国改元后，庚子西狩一事渐渐不为人知，刘治襄曾亲闻吴永口述这一段经历，为防此事失载，于是记录下来，便有《庚子西狩丛谈》一书。

　　此书初版于民国十七年（1928）刊出，共四卷，书前有吴永自撰"序"手迹、桐城吴闿生作"庚子西狩丛谈序"，书后有南昌饶孟任作"跋"。民国三十二年（1943）上海道德书局进行再版，由临海人屈映光题写书名，书前增加了"吴渔川三十八岁肖像（庚子后二年留影，时任广东高廉钦兵备道）"、"吴渔川墨迹之一斑（五十八岁时所书）"、"吴渔川先生年谱"、刘治襄撰"庚子西狩丛谈自叙"。据刘治襄"自叙"，"以篇幅人冗，厘为五卷"，将原版书卷四上、卷四下改为卷四、卷五，自此原版书由四卷变为五卷。后上海书店"民国丛书"本及台北文海出版社"近代中国史料丛刊"本，即据道德书局本影印。另见民国间"清史秘本"收录《庚子西狩丛谈》，出版时间不详。该本文前仅见吴闿生"序"及刘治襄"自叙"，内文卷四、卷五仍如原版书分为卷四上、卷四下。推测该本出版时间似当早于道德书局本。

《庚子西狩丛谈》一书，凡七万言，详细叙述了慈禧太后与光绪皇帝从北京出逃西安及回銮的经历。第一卷记义和团运动兴起至两宫出狩；第二卷记吴永在怀来县禁遏拳教的种种事情；第三卷记两宫逃至怀来，吴永随扈西行至太原；第四卷及第五卷记两宫从西安启程回銮。书中所记皆吴永亲历亲闻之事，翦伯赞先生高度评价此书，认为是庚子西狩诸书中最具价值之作，近有学者更称其为"世界第一部真正意义上的口述史"。上个世纪30年代，该书被译成英文，后更有德文、日文译本，中外推崇，视为信史。据吴永之子吴宗济忆述，英译本由美国人浦爱德[1]翻译，吴宗济之兄吴宗兴对照原文，用浅近口语为浦爱德讲述，再由浦爱德翻译成英文[2]。

吴永（1865—1936），字渔川，号樊庵，别号观复道人。浙江吴兴人。早年曾入湘军将领鲍超幕府。其元配曾广珣，曾纪泽次女。光绪二十三年（1897），补授直隶怀来（今河北怀来）知县。光绪二十七年（1901），简授广东雷琼道缺。后累迁至山东兖沂曹济兵备道，赏二品顶戴。民国初年任胶东观察使。

目前中国大陆通行的《庚子西狩丛谈》整理本有三：岳麓书社本（1985）、广西师范大学出版社本（2008）、中华书局本（2009）。在台湾地区，2012 年新锐文创出版社出版了由蔡登山主编的《庚子西狩丛谈：慈禧西逃记》。上述整理本均以民国三十二年上海道德书局版为底本，其中，广西师大社本参照李希圣著《庚子国变记》、罗惇曧著《庚子国变记》《拳变馀闻》，将该三书相关记述插入正文，以相互印证。

《庚子西狩丛谈》出版百余年，广为流传，各个版本均不见刘治襄生平介绍，可见其并不为人所熟知。据浙江省《兰溪市志》"列传"³ 所载："刘焜（1867—1931），原名振书，字芷香、治襄，晚号甓园。光绪二十七年（1901）乡试第一，旋中进士，授翰林院庶吉士。历迁翰林院编修、宝录馆纂修、国史馆协修、学部图书馆总纂、记名提学使。焜倾心改良，戊戌变法失败，出任北京京师大学堂教授。民国成立，历任金华军政分府兼金华县民政长、省议会副议长、浙江巡按使公署秘书长、省警务厅厅长、国务院参议、内务部总务厅厅长等职。二十年（1931）病殁。焜才华横溢，文思敏捷。著有《数律天根》《中国文学统系说明》《庚子西狩丛谈》《骖龙小乘》《芷香吟草》等书。"值得一提的是，刘治襄文笔特出，用典纯熟，以散运骈，由其笔述的《庚子西狩丛谈》更增添了文学价值与阅读价值。

本次再版，据民国十七年八月北京广华印刷局版重新整理，以求最大限度还原原版书面貌，并参民国三十二年道德书局版，补入原版本所缺之刘治襄"自叙"、"吴渔川先生年谱"（移于文末）。两个版本的主要区别作注说明。此外，还增补了一些人名简介和注释，原版书的错字，以〔 〕注出正字，漏字或洐字用〈 〉括出，以便读者识别与阅读。

2025 年 2 月 8 日

序

　　庚子京畿拳祸，其始由于二三愚妄大臣，逢迎亲贵，以攘除夷患为名，将欲撼动神器，徼非常之荣利。遂致乘舆播迁，生灵涂炭，款议屈就，岁币无厌。辛壬以还，国谋颠逆，民困财殚，百度隳紊；纪纲坐是不振，阴阴如日将昏。驯至宗社为墟，版宇分裂，夫岂悾人所及料哉！夫祸变之来，每相缘藉，是以风旋而上升，水激则弥悍。向若戊戌无变政之举，则孝钦无猜忌于德宗矣。宫廷雍睦，则"扶清灭洋"之谬说，何自而生？拳匪不敢披猖，夷兵无由犯关矣。辛丑和约，创巨痛深。乃锐意变法，空言立宪，权幸开货赂之门，疆吏失驭兵之柄，群小并进，天下骚然。假使当轴得人，推贤任能，修明庶政，则上下相维，犹可为理，国祚虽衰，其亡也未必如是之速矣。是故非意之意，常为事之基胎。呜呼，岂非天哉！

　　余宰怀来之三年，当拳民萌动之初，余痛治之，境内晏然。无何，邻封拳众数千，阑入县境，设立坛场，声言报复。强余至坛所，厉声诘问，几罹锋刃。自此红巾满城，生杀任意，陵轹官长，鱼肉乡民，岌岌不可终日。如是者几两阅月，及夷兵犯⁴京师，两宫微服出走，间关道途，昼餐无糗糒，夕休无床榻，饥寒羸瘁，有平民所不堪者，况万乘之

序　　I

尊乎！车驾猝至，百官云从。余于凌遽之顷，设备行宫，供亿百司食物，纷纭劳瘁，仅乃集事。以豆粥麦饭之微劳，邀慈圣特达之知，眷遇优渥，寝将大用。顾为当路所嫉，官不过一道，宁非命耶！余之陪随銮跸也，往往不次召对，每陈民间疾苦及闾阎凋敝情状，慈圣辄为嗟叹，因谕执政，以为闻所未闻，执政某公责余非所宜言，不当入告。余之触忌，此为尤甚。昔韩退之擢监察御史，上疏言事，贬山阳令。其实所论，亦一时寻常事，而遽得罪者，盖疏中有云："此皆群臣之所未言，陛下之所未知。"故执政者恶之，遂遭贬谪。以今拟古，有同嘅已。

兰溪刘治襄先生，吾浙知名士也，记问浩博有干略，知天下大计。壬寅领乡荐，联捷成进士，入词垣，有声朝列。余久钦其才望，以唯以未获一见为憾[5]。己未之秋，于役济南，相[6]晤于省廨。甫接袂，即询余西狩事。语未竟，会有他客至，寻复散去。越八年，余为济宁总揆辟入枢幕，与先生共几席，重申前问，余为缕述颠末。先生与同僚听之，或喜或愕，诧为创闻。余意一时之谈，不过具述当时事实而已。久之，先生出一编示余，署曰《庚子西狩丛谈》，则已哀然成集，于拳乱之始末，行在之起居，仕途鬼蜮之情，政事得失之故，详征博载，巨细靡遗，笔致纵横，词采磊落，事皆翔实，庶可传信。先生记忆之强密，精力之滂魄，诚有

大过人者 [7]。余衰老无能，日即颓丧，前尘已淡焉若忘。今得先生椽笔纪述，觉芜蒌情事，宛在目前，不禁感慨激昂，意兴飞动，先生其海上之成连乎？后之览者，毋徒矜佚事逸闻，即作当时信史读之，无不可也。"丛谈"云乎哉！中华民国十七年岁在戊辰春三月，吴兴吴永书于宣南。

庚子西狩丛谈序

庚子之役，国家以乱民肇衅，外国连衡而入京师，两宫微服出狩，行二日，至榆林堡，怀来县知县吴永，具衣冠恭迓于道旁。于是帝后始得进馆粥、备供帐。当是时，吴公之名闻天下。既而太后嘉其行谊，命开缺以知府随扈，督办行在粮台。日夕召见，骎骎且大用，众以封圻台辅目公矣。而公伉直自将，不肯骱龉随俗，以故枢要多不悦公，遂以道员外放。然太后终契其贤，遇两司缺出，未尝不忆及公。每入都召对，未尝不移晷也。既而两宫相继殂谢，国祚亦潜移，谈者偶及往事，殆如隔世矣。丁卯之秋，余与公相遇客邸，有以前事询者，公为述其大略，乃与外间所传迥异。同坐刘治襄先生，瑰奇人也，因就公所述，草具其事，立成数万言。先生凤雄于文，敷陈演绎，剀切周详，睹者皆悚然色动。盖庚子之祸，为前古之所未有，不独关有清一代之兴亡，抑中外交通之一大变也。而事经一世，纪载阙如，后生小子，几莫有知其详者。吴公身在宫廷，亲述其所经历，又得先生雄快之笔记而传之，洵足备当世史家之要删矣。

庄生云："旧国旧都，望之畅然。"虽丘陵草木之缗，入之者十九犹之畅然，况见见闻闻者邪？今海桑迭变，城郭犹是，人民已非，盖不仅丘陵草木缗焉而已。而二公从钟虡迁移之后，追述其生平闻见之详，有不胜其凄然魂断者。虽异代读之，犹将感怆欷歔恻怛而不能已，而况吾侪之目击其事者乎！然拳匪虽陋，尚知愤外侮之侵迫，同心以卫国家，特苦其智不足耳。缕指二十年来之事变，吾未尝不叹此辈之影响，犹为未可厚非也。二公于此，其亦有同慨乎？戊辰三月，桐城吴闿生谨序。[8]

自叙

本编所载，系因前清庚子义和拳之变，两宫避地西狩，吾友吴君渔川自在怀来迎驾，随扈往返，尝为详述其身历目击之情事，而予偶为之属笔者也。全书近七万余言，以篇幅太冗，厘为五卷：第一卷，自义和拳发难，迄于两宫出狩；第二卷，则渔川先在怀来禁遏拳教，与后来所受之种种险厄；第三卷，自两宫驾抵怀来，沿途扈从，至于太原驻跸；第四卷及第五卷，则自西安起程回銮，至黄河南岸登舟北渡为止。除叙述辇路行程外，其间多有政变要闻、宫廷记注，与当时内外大臣、巨珰贵胄之语言风概。旁牵侧引，波谲云诡，可欢可愕，可歌可泣，可以抚膺扼腕，击案浮白。其一切称谓体式，均沿当日口吻，从史例也。惟渔川曾因公私事项，两离行在，归途复由河南径赴粤中新任，故途中事实，未能按日衔接。然庚子一役，蒙国大耻，事变后先之迹，亦略可睹矣。暇中更将关系此次遗闻轶事，就传说亲切与他书所记载者，探赜索要，拉杂补著，别成附录两卷，用资印证。

嗟乎！黄冠朝士，几人省说开元；白发宫娥，何处更谈天宝。况乃铜驼棘里，王气全消；白雁霜前，秋风已改。金轮圣母，空留外传于人间；宝玦王孙，莫问当年之隆准。昔之红羊换劫，青犊兴妖；六国叩关，双旌下殿。胡天胡帝，牵母牵儿，牛车夜走于北邙，鷇卵晨探于废屋。蜀道青天，呼癸庚而不应；长安红日，指戊己以为屯。回听内苑虾蟆，六更已断；极目南飞乌鹊，三匝何依。谁实为之，吁其酷矣！天为唐室生李晟，上付禁军于马燧[9]。灵武收兵，百官稍集；兴元置府，十道粗通。蜡诏星驰，海内识乘舆所在；饷舟鳞萃，人心以匡复相期。无如敝汉谋深，吞胡气怯，蛙惟式怒，螳不挡车。江左画疆，首主和戎之议；汾阳[10]单骑，未收却敌之功。卒要城下以输盟，遂据榻旁而鼾睡。从此燕云，时时牧马；可怜庐堑，岁岁填金。迢遥百二河山，鸡鸣西度；佻幸八千子弟，狼跋东归。一局棋输，九州错铸。黄花明日，青史前朝，俱成过眼之烟云，孰洗沉沙之铁戟？

渔川以关门之令尹，作参乘之中郎，紫气未瞻，彩符忽降。见舜容于墙上，遇尧母于门中。忍看憔悴绨袍，一寒至此；况说煎熬馁腹，半菽无沾。是主忧臣辱之时，正捐顶糜身之会，敢忘馈橐，以负诗书？太华山低，誓踏三峰而捧日；仙人掌小，拼擎一柱以承天。遂乃拥彗除宫，解衣献曝，典衾具馔，刓荐供刍。辛苦一瓯豆粥，亲进璇帏；间关万里芒鞋，远随金勒。朕不识真卿，乃能如是；众共称裴冕，故出名家。特加置顿之崇衔，命傅属车于近列。爰自横海澄波，回天起驿，登封礼岳，浮洛观图。歌凤翙以从游，赋鹿鸣而赐宴。长信宫前，千官献寿；望仙楼下，万姓呼嵩。渔川有役皆随，无班不缀。前席敷言，常呼裴监；书屏问状，必引萧生。筐颂相属于庭阶，簪笏不离于左右。凡一路之行行止止，经年之见见闻闻，往日冲埃，霜凄月黯，来时飞盖，云会风从；他若御史呈身，将军负腹，尚书由窦**11**，学士簸钱；以及鸡虫得失之场，冰炭炎凉之感，覆雨翻云之世态，含沙射影之机牙，并珠记心头，丹留枕底。鸿爪之余痕仿佛，印雪长存；蚕丝之积绪缠绵，逢人偶吐。听罢一回书说，抵将十曲词弹。昔年历下亭边，萍因偶合；今岁晚晴筱畔，花落相逢。便回西陆之余光，重续南柯之旧梦。且收谈屑，聊缀丛麻，写黍离麦秀之遗音，作瓜架豆棚之闲话。君慕介子推之雅节，将隐矣焉用文之；我如王定保**12**之摭言，不贤者识其小者。时中华民国十有六年十月上浣，戅园居士自叙于京师宣内寓庐。

注释

1 浦爱德（Ida Pruitt，1888—1985 年）：女，美国在华传教士、作家、医务社会工作者。1888 年出生在山东黄县（现龙口市）的一个小镇。是美南浸信会传教士蒲其维和蒲安娜之女。1920 年由美国洛克菲勒基金会选派赴北京筹建医院社会服务部。1921 年担任北平协和医院社会服务部的第一任主任。1937 年"七七事变"后返回美国，期间参加以路易·艾黎和埃德加·斯诺夫妇发起的中国工业合作社运动，长期担任该组织驻纽约代表，筹集过大量资金和物资支援中国抗战与建设。她将《庚子西狩丛谈》翻译成 *The Flight of an Express*，1936 年由耶鲁大学出版社出版。

2　吴宗济口述，崔枢华记录、撰文：《我的百年人生：吴宗济口述史》，商务印书馆，2022 年，第 5 页。

3　《兰溪市志》，浙江人民出版社，1988 年。

4　1943 年上海道德书局本（以下简称"1943 年本"）作"陷"。

5　1943 年本作"余久钦其才，以唯未获一见为憾"。

6　1943 年本无"相"字。

7　1943 年本句为"先生记忆强密，精力滂魄，即此可见"。

8　吴闿生（1877—1950）：安徽枞阳人，吴汝纶之子。曾任度支部总办，北洋政府教育部次长等职。戊辰，1928 年。

9　李晟、马燧都是唐朝名将，他们与郭子仪在平定安史之乱中立功甚著。

10　汾阳指郭子仪。

11　"尚书由窦"：典出《宋史·许及之传》。

12　王定保（870—954）：江西南昌人。字翊圣。五代文学家，编有《唐摭言》一书。

庚子西狩丛谈卷之一

觉园居士笔述 [1]

前清庚子拳匪之难，八国联军入京师，两宫西狩。于时，同乡吴兴吴君渔川方任直隶怀来县事，以仓猝迎跸，不误供应，大为两宫所激赏，由知县超擢府道，恩眷优渥，京外啧啧，称一时佳话。上海各戏馆至特为编演新剧以歆动社会，观者填隘，予亦曾一往寓目。陈设布景颇新丽，而剧中情节殊弗类，科白鄙俚，全是三家村礼数。满村听唱蔡中郎，此固不足深究。然默揣当日吴君以荒城僻邑，倮然坐困，无端而空中霹雳，忽报皇太后驾到，皇上驾到，王公宰相陆续俱到，此真梦想不到之事。巷中遇主，亦喜亦惧，定别有一番情景。惜不获与局中人把臂晤谈，一询真况也。

民国八载，予佐山东省幕。渔川方任胶东道尹，以事晋省，居停屈公 [2] 觞之于省署西园，嘱予为陪。济南当陆海孔道，冠盖络绎，公私宴会无虚夕。予苦不善酬应，往往托故辞谢。是日，闻渔川在座，顿触素怀，欣然赴召。私念渔川以盛年下位，骤膺殊眷，遭旷代非常之异数，意其人必精强机警，目听而眉语，才气发露，足以倾倒一世者。顾乃温厚敦笃，蔼然善气，恂恂如老诸生。臭味相感，一见莫逆，恍惚若平生故旧。席间坐次适相接，喜极情急，不复能自禁，未及举酒，即径叩以前事。众闻语，咸共忻赞。渔川因为从头叙述，合座倾听，均敛容屏气，至寂然不闻匕箸声。正谈至醋蜜处，忽报某镇帅至，主客悉蜂起离席，一番扰攘，遽尔中断。以后肴酒杂沓，终席迄不得赓续，催租败兴，予大引为憾事。第念同官一省中，山河咫尺，觌面固非难事，计必有一日从容剪烛，可以圆此话柄。不意渔川回署后，战事踵起，遂不暇重至省会。而予亦不久谢事去鲁。风流云驶，忽忽八年，彼此不相闻。顾其人其言其事，辄低徊往复于予胸中，未尝一日释也。

顷岁政局改造，济宁潘公³总揆事。予与渔川先后被辟入枢府，同僚西厅，又适在对案，相见喜极。亟拟请申前说，顾渔川新病愈，喘息尚不属，殊逡巡未敢相敦促。会同事吴君北江、郑君俶忱、饶君景伯、柯君燕舲，咸欲速闻其事，因争相与怂恿之。渔川重违众意，勉为之开章演说。同人环坐促膝，如听柳麻子说《水浒传》，心摹神会，目无旁晌。渔川旋亦自忘其疲，描述拳匪始末，殊清切动听。忽惊忽愕，忽笑忽怒，顷刻万态，听者亦不觉随而颠倒。久之而声益高，神益王，旁牵侧证，触绪环生，娓娓滔滔，如长江大河，一泻千里，不可复遏止。直至全部结束，始相与起立环顾，则花砖日影，早已移过七步，直上西楹矣。

此次所谈，与予前所闻者互有详略，但通体比较，总以详于前者为多。其关于拳匪一节，及后幅情事，均为前说所未及。予既温旧闻，复偿新愿，胸藏宿块，顿尔消解，欣慰殆不可言喻。最可异者，区区一夕谈，发端于八年之前，而结委于八年以后。假当时稍延片刻，一气说尽，亦不过晓此一段历史，茶前酒后，偶资谈助，反不觉如何注意。乃无端画成两橛，神山乍近，风引舟开，偏留此不尽尾声，悬悬心坎。直至今日，言者听者，乃复无端聚集，完此一桩公案。地隔数千里，时阅六七年，以万分渴望之私，当十九难偿之愿。本非绝对必需之事，已作终身未了之缘，成日蓄之意中，而一旦得之意外，便觉得一字一语，皆成瑰宝。奇书残本，忽然足配完编，一如荡海萍花，既离复合，西窗听雨，重话巴山，此岂非人生难得之快事耶！

回寓后，偶与侄婿倪孔昭、儿子同度述及一二，皆忻喜踊跃，如读章回小说，前说未竟，即亟盼下回分解。予念渔川所谈，虽属于一人之遭际，而其间事实，率关系于政闻国故与一时大局之得失，为当世所不具悉者。渔川不言，恐更无人言之，亦更无人知。此一段遯荒实录，或遂沉埋湮没，永在阙文借乘之列，殊为可惜。因率就灯下援笔记述，取案头日报，用寸草涂抹其上。初意数纸可竟，乃引而愈长，既尽一纸，更取一纸，直至晓钟将动，尚未罄其十一。而乱稿敦积，直如太冲研都，纵横左右，狼藉满案。次晚更续，始别以新纸检饬书之，凡历更三彻夜而后竣事。折叠稿纸，已岿然如牛腰。因嘱倪婿依序整理，清缮一通。复持示渔川，承为诠次先后，订其漏误，更出旧藏日记两册见付。携归核对，以次填补地名、时日，并就中择要节抄二十余则。于是自拳匪发难，泊出狩以至回銮，首尾粗具，居然足成一片段。与明皇幸蜀、建文逊国诸记传，约略相类。而兼收并蓄，不拘一格，内容之繁赡丛杂，差乃过之，因姑名之曰《西狩丛谈》，方计藏之箧笥，备异日史家之选。知好中具悉其事，谓君意既在掇拾旧闻，毋使湮没，则与其私为枕秘，孰与径行刊布寄传识于多数之耳目？质之渔川，颇承赞可，乃稍加删润，付之手民。此系率意急就之篇，文无剪裁，体无义例，庄谐并迳，雅俗杂陈，殊不能律以作家绳尺。惟事事翔实，在渔川为亲见，在予即为亲闻，耳入而笔出，初未尝稍有增减缘饰，取悦观者。虽不敢遽言传后，要当足以信今。以视坊肆通行之《清宫秘史》诸作，信口开河，羌无故实者，固为稍胜一筹也。

抑予于此，尚当有所剖说。盖渔川自弱冠以词翰受知于当代诸巨公，书名文藻，照耀海内，固非不能属笔者。渔川之事，渔川之言，渔川不自记而予记之，蚕则绩而蟹有筐[4]，未免近于掠美。顾渔川当日所遇之奇之险之艰难困顿，千磨百折，殆非恒人所能忍受。甫离豺窟，又入龙潭，幸回九死之生，突受可惊之宠。负责于矛淅盾炊之下，长日在探珠履尾之中，虽幸保于始终，实备尝夫荼蘖。重以尊前车笠，半隔云泥，梦里槐檀，都成泡影。已在境迁之后，不无痛定之思，雅不愿以旧事重提，徒增怅触。况以局中之人，记亲历之事，在己有铺张之迹，于人有扬抑之嫌，下笔措词，颇多牵顾。至对于朝序笑谭，宫廷琐事，亦似不欲遽形笔墨，致伤忠厚。故所存当时日记，殊甚简略，其无心传世可知。平居不言温室树 **5**，于此正足见渔川之长德。予则完全居于局外，与书中人物，均无何等关系。有闻必录，原不假以成心；据事直书，更无劳于曲笔。此一段信史，或遂因予之冒昧越俎而稍留梗概于后世。即渔川当日种种苦心孤诣、斡旋盘错之大节，亦反因此书以表暴其十一，则掠美之事，或竟视为成美，殆亦未尝不可。若代斲伤手之讥，固非予所计矣。既拉叙缘引如此，以下乃述渔川之言。

渔川曰：予欲述迎驾始末，当先叙及拳匪之事。盖逮两宫西狩时，京师匪患虽熄，而近畿各地，厥势犹张。予方为所厄，备历艰窘。即驾至怀来之前一日，予尚困居围城中，丝毫未得消息也。

予初以先外舅曾惠敏公 **6** 之汲引，得识合肥李文忠公，颇承器视。前清光绪二十一年，文忠奉命充全权大臣，办理日本换约事宜，予以直隶试用知县奉调充文案委员。次岁，文忠奉命出使，贺英〔俄〕皇加冕[7]，兼游历各国。继其任者为张樵野侍郎荫桓[8]。年余事竣，会诏中外大僚荐举贤能。张公密保六人：首安徽臬司赵尔巽[9]，堪任封疆；次候选道伍廷芳、梁诚[10]，堪任出使大臣；次道员潘云生、汤伯述皆不记其名，堪任监司；以予殿末，其荐语为"堪膺方面"。旋交部带领引见，奉特旨以知县仍留原省补用。丁酉补怀来县，戊戌九月到任。是时，予年力壮盛，颇锐意为治。在任二年，于地方利弊，多所兴革，尤以除暴安良、使民安业为主旨。因此与地方绅民感情颇洽，相处如家人骨肉，凡所举办，朝令夕行。故虽羁栖下邑，殊恋恋不忍舍去。以此迄于庚子之难，予犹在怀来也。

先是清代嘉庆末叶，直、鲁、豫各省承白莲教之后，复有所谓八卦教者，大抵以书符治病煽诱愚俗，趋者如鹜。嗣经清廷严令禁遏，因不敢公行啸聚，而民间实私相传习，蔓延颇广。自耶教传入中国，地方莠民辄挂名教籍，倚外势横乡里。教士藉口保护，以袒庇为招徕，动辄挺身干预。官吏但求省事，遇有民教讼案，往往屈民而右教，教民骄纵益甚。乡间良懦，十九受鱼肉，因之衔恨刺骨，则相率投入八卦教以与之相抗。因该教中稍有团体组织，冀以众为势，缓急可资援助也。逮声气渐广，名迹显露，其中黠者亦深虑官方干涉，率加以"不轨"二字，肆行剿刈，乃特创"扶清灭洋"四字口号，即悬是为彼教标帜，一以号召人民，一以抵塞官府，用自别于白莲、天门诸教。缘此而从者益众，渐明目张胆，昌言无忌。官吏亦置若罔闻，然禁令固未弛也。迄李秉衡[11]抚鲁，部属有以此请示者，则怫然拍案曰："嘻！此义民也，奖且不暇，又安可复禁！"此语一播，所在游民土匪，争相与招摇勾煽，设坛立社，教中声势，一时暴长。于是善良殷富，亦不得不投身入教以自庇。会毓贤[12]任曹州府事，迎合李意，思藉此阶进，则悉力奖励而倡导之，不过数年，几遍于山东全境矣。

该教中每纠合若干人为一团，多者或至逾万人，少亦以千百计。每团各设有坛宇，所奉之神，任意妄造，殊不一律，率以出于《西游》《封神》《三国》《水浒》诸小说者为多数，且有供祁寯藻[13]及李秉衡者。李时尚生存，不伦不类，殊无可索解。各团领袖，皆称大师兄，凡有正式祈祷，则神必降集其身，跳舞升座发号令，余众膜拜奉命，即赴汤蹈火，咸俯首惕息，无敢稍抗。大师兄躬代神位，口含天宪，因此声势赫耀，可以颐指而气使。凡隶该团本城住民，无论富贵贫贱、生死祸福，举出于其一言之下。此职率由地方豪猾充任，其威力直远出郡县长官之上。

八卦教本分为八大团，每团各以一卦为标帜。此次举事者，实只有乾、坎两团。隶"乾"字者，谓之黄团，悉用黄巾帕首，黄带，黄抹胸，黄布缠足，巾上皆画乾卦。隶于"坎"字者，谓之红团，巾带皆红色，上画坎卦。大势既集，遂公然编列队伍，制造兵器，以军法相部勒。练习时，由大师兄拈香诵咒，其人即昏然仆地，俄顷偃起，谓之神来附体，则面目改异，辄自称"沙僧、八戒、悟空"之类，狂跳踊跃，或持刀矛乱舞，呼啸如狂醉。新入者，则以次等头目教授之，令诵经咒，习拳棒，谓经月而足用，三月而术成，则矢石枪炮，均不能入，以此抵御洋人，削平世界各国，所向无敌。其精者，至可以书符作诀，从空中发火种，焚毁百尺巍楼、万间广厦；或随意举利刃自刺，至于刃曲锋折，而肤肉迄无少损。闻者益惊以为神，于是一时风靡，遂不可复遏。因以习拳为入教正课，故彼中自称为"义和拳"，亦称"义和团"；官中称之为"拳民"，或称"义民"。后以其行止不法，真相渐著，则普通称为"拳匪"云。

拳匪多属市井无赖及被胁诱之乡里农民。虽同为拳团，亦复各树门户，以强弱诈力相角胜。嗣更有巨猾，别出心裁，从天津觅得一土娼，略有姿色，而悍泼多智巧，乃群奉之为女匪头目，号称"黄莲圣母"，珠冠绣服，衣饰仪从如妃后。更怂恿青年妇女，投拜麾下，选健者为之部领，辄衣红衣，短袖窄袴，十百成群，招摇而过市，手持红巾一方，沿途挥舞，人称之为"红灯照"。谓只须红巾一拂，可使于百尺楼顶发火，立时灰烬。或以红巾铺地，一人立其上，念咒数通，巾与人皆冉冉升空，如驾一片彩云，直上天际云云。辗转传播，众共信之为天人。所至则夹道人众咸俯伏泥首，俟过去方敢起立。实则此等事实，皆出诸匪众之口，从未有人目见。而互相矜炫，互相迷信，迄无敢稍加拟议者。民智之愚陋，至于如此，诚一时之怪事也。

是时，鲁抚李秉衡、直督裕禄[14]、直臬廷雍[15]、晋抚毓贤，皆心醉其术，而毓、廷二人，溺信尤甚。畿辅大僚，已如一孔出气。内则刚毅[16]、赵舒翘[17]等，阿附端王载漪，极力主持，造作种种征验以耸上听，一若此等义民，真有忠忱神力，可以报仇雪耻，张我国威者，一时竟有奖励各省拳民焚毁教堂之诏令。以是奸民无赖，所在咸揭竿蜂起，不可收拾。嗣以袁项城[18]调抚山左，首申厉禁，犯者杀无赦，各团首皆遁入直界，鲁中匪势，因是为之一衰，而直境各处，转益以滋扰。闻项城初奉此诏，立即通行所属遵旨办理。其时，抚署主办洋务文案为候补道徐抚辰，湖北人，字绍五，向来牵涉洋人案件，均经彼手，而此事竟未及寓目，闻之大愕，立见项城谏阻，谓此乱命万不可从。项城不听，徐退后即刻摒装出署，留书告别，益剀切申明利害。项城阅之顿悟，亟遣人召还，面向谢过。而檄文已发，乃以飞骑分道追回，遂毅然一变宗旨，护洋人而剿拳匪，因是竟得盛名。项城后日之丰功伟业赫赫为全国宗望者，实皆由徐玉成之。当时山左人民，获以安定，清室亦藉延数十年之命，而北方各省，皆得免遭重大惨劫。一言兴邦，造福诚非浅鲜。此事项城幕中旧人，为予历历言之，当非臆造，顾同时竟绝罕知其底蕴者。而徐后亦遂默默无所表见，大功不赏，可惜尤可叹也。

直隶拳匪，初发生于新城，而盛行于涞水，旬日之间，天津、河间、深冀等州，遍地皆是。其时大阿哥已立，其父载漪〔漪〕颇怙揽权势，正觊国家有变，可以挤摈德宗，而令其子速正大位，闻之喜甚，极口嘉叹。诸亲贵因争竭力阿附，冀邀新宠。大臣中亦尚有持异议者，谓究近邪术，恐不可倚恃。然太后意已为动，顾犹持重不即决，乃派刚毅、赵舒翘前赴保定察看。刚、赵皆为军机大臣，甚见信用。复命时，刚阿端王旨，盛称拳民忠义有神术；赵又阿刚，不敢为异同。太后遂一意倾信之，于是派端总率团务。端益跋扈肆志，而顺、直拳匪，同时并起矣。

直督裕公，本庸懦无意识，颇信拳匪为义民，但尚未敢极端奖励，辄依违持两可，以观风色。臬司廷雍，则一意徇庇，所以承奉之者，无所不至，拳民由是益骄。团众过怀来，臬署至为发排单 **19**，饬县供应。煌煌宪檄，无法违抗，只有勉强承应。彼乃需索干折，累费至数百金。惟藩司廷杰 **20**，颇明大体，深以予在怀境禁抑为当，然独力已苦不支。而廷臬谓予助团不力，衔之殊甚，突以纵盗殃民为题，密委下县查办，将加以罪。是时予正下乡捕盗，迭破巨案，绅民交口称颂。委员侦查复命，恰与事实相反，因而中止。予晋省谒见，廷藩始告以故曰："君在怀来，治绩甚佳，予所深悉。臬台乃欲以私意相罗织，殊不可解。君但安心尽职，毋须置理。本司一日在此，必不令彼妄屈好官也。"此语不知何人传入臬署，两司至以此成水火，而廷臬之衔予，乃益加甚。厥后予几因此中奇祸，而廷藩亦险遭不测，报施之毒如是，殊非此时所及料矣。

匪党既群聚涞水，鸱张日甚。直督不得已，乃派副将杨福同 **21** 前往查办。杨稍有究诘，匪竟聚而戕之。裕闻信胆落，自是遂不敢有所主张，既不剿，亦不抚，听其横行不法。匪乃益肆然无忌惮，延至四月二十间，遂群起举事，首焚毁津保铁路，斫断电线，黄巾红布，弥望皆是，都下游民痞棍，悉闻风响应。五月初旬，京城附近亦渐次发见，每三五成群，沿途叫嚣奔突，持刀喊杀，惟尚未见大股聚集，亦未敢公然闯入城埋也。

五月十五日，日本书记生杉杉〔山〕彬突在永定门外遇害。都人闻信，咸栗栗戒惧，知有危祸。各使馆外人，尤大哗愤，群起向总署诘责，问我政府究竟有无保护外人能力。当局支吾应付，仍不闻有何等措置。拳匪益藐玩无所瞻顾，遂相率结队入城，一二日间，城内拳匪已集至数万。王公世爵，争延请大师兄住其府第，竭诚供奉，内监之入夥者尤众。于是辇毂之下，悉成团匪世界矣。

十七日，匪众遂乘势暴动，以焚烧教堂为名，到处放火。前门一带，如东西荷包巷、珠宝市、大栅栏、廊房头条二条、煤市街等处，繁盛市场，悉付一炬。火势延烧正阳门城楼，红光烛天，各处教堂及教士居宅，同时举火。凡教士教民家属，无少长男女，咸被屠戮，伏尸载道。匪中呼洋人为"老毛子"，教民为"二毛子"。先犹专杀教民，次则凡家有西洋器具货物，或与西人稍有交往者，概加以"二毛子"之名，任意屠掠；次则有无事证，一无所别择。于是全城居民，惊号狂窜，哭声震天地，真一时之浩劫矣！

自前门焚毁后，清廷鉴于拳匪之横暴，颇有觉悟，复通令各省，着地方官严行禁阻，然已不生效力。匪众旋扬言焚烧各国使署。清廷遣人警告东西洋各国驻京公使，劝其回国，并有旨派兵护送赴津。各公使同至总署辞行，德使克林德行至总布胡同，突为一兵士发枪击毙。于是各使益怒不可遏，谓清廷实无保护诚意，行亦死，居亦死，均之死也，孰与共谋抵抗，以侥幸于万一。遂相约不复出都，即就东交民巷一带，建设防御工程，为固守计；同时由津沽调洋兵五百余人，分布扼守；并各电本国政府设法济师。部署既定，遂照会总署，促将大沽炮台腾让，为彼屯兵地，词气甚倔强不逊。太后大恚，诸王公更交口刺激之，乃复勃然变计，告庙誓师，明令挞伐，仍弛拳匪禁令，着各省督抚招集奖率，同仇敌忾。京城方面，以荣禄总师，立调武卫中军及董福祥所统甘军，率拳匪多人，围攻使馆及西什库教堂。一时枪声震耳，礮腾如连珠。顾禁军久不习射击，百无一中，拳匪益蠢无秩序，冒死盲进。洋兵潜伏围墙中，不动声色，瞄准以待。俟前麾拥过御河桥，则一声口令，百枪并发，弹无虚落。我众轰然仰退，如波翻浪卷，死者辄坠入御河中。俄顷复进，见围中无动静，徐徐上拥，比至故处，则墙内枪发如前。且进且退，一日数接，御河积尸已平岸，而洋兵之受伤者，乃寥寥无几，守志因以益固。顾附近民居，则一洗几尽。如徐相桐[22]、孙相家鼐[23]、曾侯广銮[24]府第，皆在界内，悉遭兵匪焚劫，眷属男女仅以身免。曾宅并毙仆役三人。兵匪麇集，殆逾数万，区区攻一数百人据守之巷隘，而鏖兵累日，竟不得进其咫尺，真儿戏矣！

围攻使馆久不下，众意稍懈。荣相[25]见大势弗顺，已纡回改道，隐与使署通消息；或称奉诏送瓜果蔬菜至东交民巷口，听洋人自行取入；一面设法牵制兵匪，使不得急攻。是时主战主和，朝议颇纷纭不一，乃奉旨特开御前会议。太后与皇上同出莅座。端、庄²⁶诸王方倚拳匪作威福，攘臂抗声，主战甚力。侍讲学士朱祖谋²⁷亦在班列，即跪地陈奏曰："臣谓与洋人万不可战。"声洪而锐。太后为之动色环顾，意颇愠怒，厉声问："何人？"幸朱班次在后，仓猝中无人指认，遂得免究。然太后余怒未息，复厉声曰："此何等大事，今举朝王公大臣均在此，尚未有建议，何物小臣，乃敢越级妄言，岂目无朝廷耶？"因此众益俯首不敢置一语。顾太后意态尚犹豫，而端、庄持之急，德宗意颇弗惬，然亦不敢加斥驳，于人丛中顾见总理大臣许景澄²⁸，欲倚以为重，乃下座直前握许手，怆然曰："许景澄，尔在总署有年，熟知洋务，应明白大势。究竟与各国能否开战，国命安危，在此一举，必直言无稍隐讳。"言毕泪下。许亦含涕陈奏，沥言不宜开衅状，谓无论是非得失，万无以一国尽敌诸国之理。兵部侍郎徐用仪²⁹、太常寺卿袁昶³⁰，皆与许同官总署，均从旁力赞其说。德宗颦蹙以听，每一语辄一肯首。许益激昂论列，语至痛切，乃相持而泣。惟时王相国文韶³¹亦主和议，方启欲有所陈。端以王久在枢府，素被太后信倚，恐意为所夺，即挺身至御座前，戟指向许、袁曰："请老佛爷观看，如此情状，尚复成体统耶？"因厉声喝令拿下，太后熟视无语。许等愕然却退，议亦遂散。而次日袁、许、徐竟骈首就戮，今浙中所称三忠者是也。同时内务府大臣立山[32]亦以通款使馆被杀。侍郎张荫桓已遣戍在新疆，并于此际驰命正法。论者谓皆出端、刚辈矫旨，非上意也。

立为旗人，久在内府供职[33]，颇有富名。旋以兼任总署，颇好与外人交往，习其仪节，起居服御皆喜从西式，故为诸亲贵所不慊。而以财见妒，尤其致死之一大原因。徐公平日温温不露棱角，而此次亦及于难，殊不可测，殆以供职总署之故。盖匪中凡沾及外交人员，率指为汉奸，不分皂白，殊无可置辩。袁、许、徐三公曾联署上一疏，语颇切直，或以此触所忌也。

张公于予有荐主恩，闻之尤为恻然。当主办日约时，予曾从事左右，相处逾岁，其精强敏赡，殊出意表。在总署多年，尤练达外势。翁常熟[34]当国时，倚之直如左右手，凡事必咨而后行，每日手函往复，动至三五次。翁名辈远在张上，而函中乃署称"吾兄"、"我兄"，有时竟称"吾师"，其推崇倾倒，殆已臻于极地。今张氏哀辑此项手札，多至数十巨册，现尚有八册存予处，其当时之亲密可想。每至晚间，则以专足送一巨封来，凡是日经办奏疏、文牍，均在其内，必一一经其寓目审定，而后发布。张公好为押宝之戏，每晚间饭罢，则招集亲知僚幕，围坐合局，而自为囊主，置匣于案，听人下注。人占一门，视其内之向背以为胜负。翁宅包封，往往以此时送达。有时宝匣已出，则以手作势令勿开，即就案角启封检阅。封中文件杂沓，多或至数十通。一家人秉烛侍其左，一人自右进濡笔，随阅随改，涂抹勾勒，有原稿数千字而仅存百余字者，亦有添改至数十百字者，如疾风扫叶，顷刻都尽。亟推付左右曰："开宝，开宝。"检视各注，输赢出入，仍一一亲自核计，锱铢不爽，于适才处分如许大事，似毫不置之胸中。然次日常熟每有手函致谢，谓某事一言破的，某字点铁成金，感佩之词，淋漓满纸，足见其仓猝涂窜，固大有精思伟识，足以决谋定计，绝非草草搪塞者。而当时众目环视，但见其手挥目送，意到笔随，毫不觉其有惨淡经营之迹。此真所谓举重若轻才大心细者，宜常熟之服膺不置也。

张公得罪之由，曾亲为予言之，谓实受李莲英所中伤。其自英使回国时，曾选购宝石两枚，预备进奉两宫。一为红披霞，一为祖母绿，足充帽准之用。归国后，乃以红宝石进之德宗，祖母绿进之太后。论其价格，绿固远胜于红也。但通例京外大员进奉，必经李手，即贡呈皇上物品，亦须先由李呈明太后过目，方始进御。因此率另备一分，为李经进之代价，大抵稍逊于贡品，而相去亦不能过远。彼时侍郎眷遇方隆，平日高才傲气，于李殊不甚注意，本已不免介介。此次又一无馈赠，若有意为破成例者，故衔怨至深，而侍郎固未之知也。进呈时，太后方拈视玩弄，意颇欢悦。李特从旁冷语曰："难为他如此分别得明白，难道咱们这边就不配用红的么？"盖通俗嫡庶衣饰，以红绿为区别，正室可被红裙，而妾媵止能用绿。太后以出身西宫，视此事极为耿耿。一言刺激，适中所忌，不觉老羞成怒，遂赫然变色，立命将两份贡物，一律发还。此消息既已传播，当然必有投井下石之人。未几，即以借款事被参。太后阅奏，立遭缇骑传问。侍郎方在家居，忽有番校四人，飞骑登门，口称奉旨传赴内廷问话，当即敦促起身，乃匆匆冠服上车。两人骑马前后，余两人露刃跨辕外，一如行刑刽子手即将押赴市曹者。侍郎谓：此时实已魂魄飞失，究竟不知前抵何处。乃番校沿路指示，竟一径趋向禁城，直至东华门下，始知尚有一度讯问，当不至立赴刑场，然心中忐忑，转以益甚。下车后仍由番校押导入内，至宫门外，已有两内监守待。番校前与致词，一如交割罪犯者。当在阶下立候，未几，传呼入见。太后盛气以待，词色俱厉。至不敢尽情剖白，只有碰头认罪，自陈奉职无状，仰恳皇太后、皇上从重治罪，仍摘要勉剖一二语。幸刚中堂在旁，乘间指引开脱曰："这也无须深辩。现奉皇太后、皇上恩典，你只须有则改之，无则加勉，下去。"予见太后无语，始碰头逡巡退出。至宫门外，已不见有人监视，随步行出东华门，觅乘原车还寓。途中神志恍惚，乃如噩梦惊回，天地改色，一天雷雨，幸而无事，居然重见妻孥，此诚意料所不及者。然寸心固怦怦然，针毡芒刺，不知何时可释也。

侍郎作此语时，固疑朝廷必尚有何等处分，至少亦当革职。然竟别无后命，只得如常入署供职。当时颇有人劝之引退者，侍郎曰："此当然之事，安俟更计？且吾心已碎，即在职亦何能更有所报称？但现在尚是待罪之身，万不敢遽行陈乞，只有徐之时日，或者霆怒稍霁，再当设法缓图。求进固难，求退亦岂易事耶？"

如是数日，尚无动静，以为可以渐次消解。乃一日忽下严旨："户部侍郎张荫桓着发往新疆效力赎罪。"照例大员得罪发遣，即日须出投城外夕照庵，再候兵部派员押解，向之请数日期限，摒挡行李。侍郎虽扬历中外，而挥霍亦巨，故殊无甚积蓄，治装颇拮据。予时已奉补怀来缺，尚未到任，百计张罗，勉集五百金，赶至天津途次，为之赆别。相见惨恻，谓："君此时亦正须用钱，安有余力乃尚顾念及我？"语咽已不复成声。予欲勉出一言以相慰藉而竟不可得，惟有相对垂泪而已。此情此景，犹在目中，方意侍郎年力未衰，必有赐环之望，乃以拳匪作恶，无端殃及万里外。命耶？数耶？诚不得而知之矣。

最可异者，侍郎虽身受重戮，而始终未尝革职，故临刑时犹被二品官服。闻廷旨到后，相知中致意家属，有劝其自尽者。侍郎慨然曰："既奉有明旨，即自尽以后，照章仍须执行斩决。与其二死，孰与一死？大臣为国受法，宁复有所逃避？安心顺受，亦正命之一道也。"于此足见其胸襟磊落，难临守正，不图苟免，真不愧大臣骨梗。独念公抱此异才绝识，乘时得位，又得当轴有大力者为之知己，而迄不获一竟其用，区区以不得于奄竖之故，遂至窜身绝域，投老荒边，甚乃授首于仓皇乱命之中，若明若昧，同一死难，而迄不得与袁、许诸公，共播芬烈于一时之众口。苍苍者天，何以独厚之于前，而又重厄之于后耶？当时新抚为饶公应祺[35]，假使稍为负责，缓须臾以察真伪，则拳祸旦夕已定，势即可以不死。公如不死，则后来和议，必可以大为文忠臂助。既已周悉外情，老成谙练，而又为拳匪所欲杀之人，对于外人，以患难同情之感，其言易入，定能为国家挽回几许权利。外交人才，如此消乏，而又自戕贼之，长城自坏，其谓之何！尔时公恸私哀，反复交集，至为之数日不怿。继又念今日何日，乃系阳九劫运、钧天帝醉、豺狼狐鬼出没之时会。此数月中，京直数十州县，兀辜良懦，破家荡产、惨死于非命者，殆以千百万计，宁复有是非得失之可言？侍郎亦不过数中之一人，假无出塞之事，亦安知不与袁、许同殉？总之劫数已定，无可幸免，惟有付之太息而已。

亡何，各国军舰已连翩集大沽，遂环攻我炮台。津中拳匪欲焚烧紫竹林，洋人守御甚固，迄不得入。五月十九日，大沽炮台失陷，津城危急。裕督仓皇不知所措，益专恃拳匪为重。大师兄出入督署，列队前导，与制军分庭抗礼。司道以下，皆屏气伺颜色，祗候惟谨；州县官途遇，直长跪道左，俟舆过始敢平立，绝不稍一顾盼，其威重如此。一日，忽拥"黄莲圣母"至督署，前驱先入，传呼设香案，命制军如仪跪参。裕督冠服出迓，将如命行礼，匪众复高呼曰："止！先取过掩面旗来！"左右乃以龙旗二面交遮掩蔽，始喝赞行三跪叩，盖仿剧场中穆桂英与杨六郎妇翁相见礼式也。

是时，廷旨以李秉衡督师，扼守京津孔道。李陛辞时，慨然自任，谓区区洋兵不足平。出京之日，人见其以红布幂首，短衣红带，一如大师兄装束。顾屡战屡败，洋兵节节深入，我军退至杨村河西务，士无斗志，李遂发愤殉节。裕督由天津逃出，旋亦自尽，死时仅一足着靴，盖仓皇出走，一靴已跑失也。

先是直隶提督聂士成[34]，兼统武卫左军，初受命剿捕拳匪，追踪逐北，继复奉命攻剿洋军，乃回兵迎之，匪众乘势扰其后。聂知事不可为，忿然率兵深入敌垒，志在必死。

洋兵望见黄马褂，发炮轰击，洞胸坠马死，尸委道旁。数日后，其部下目兵薛保筠冒险入敌团〔围〕，负其尸以出。然当时以不惬于端、刚，竟未得褒恤。回銮后，始下恩命，予谥忠节，于天津建立专祠。厥后其子宪藩，扬历中外，名位显达，人皆以为忠义之报。盖庚子死事大员，疆场马革，惟聂公最得其正也。

洋军已破津沽，京师震动，拳匪溃军，益散乱无纪。清廷知势不可抗，复派人与使署通款曲并馈食物。六月十七〈日〉，天津失陷。七月己未，各国联军进逼京城，分道攻齐化、东直、崇文各门。使馆守兵乘势溃围而出，与外军相响应，教民复争为向导。庚申黎明，遂攻破东华门，长驱入紫禁城，内廷犹不之知。是日适为镇国公载澜值宿，闻洋军已入，始趋入大内，请两宫速驾避难，于是遂仓皇出走矣。

注释

1　甓园居士即刘治襄。1943 年本作"观复道人口述　甓园居士笔记"，双行并列。随后各卷均列有口述者、笔记者。

2　屈公指屈映光。屈映光（1883—1973）：浙江临海人，字文六。早年参加光复会。时任山东省长。

3　潘公指潘復。潘復（1883—1936）：山东济宁人。字馨航。1927 年入顾维钧内阁，任交通总长。同年 6 月，张作霖在北京组织军政府，受任为北京政府第三十二届内阁总理兼交通总长。

4 蚕绩蟹筐：语出《礼记·檀弓下》，比喻名不副实。

5 不言温室树，源自《汉书·孔光传》，后来被形容严守机密。

6 曾纪泽（1839—1890）：字劼刚，谥号"惠敏"。

7 光绪二十二年（1896）李鸿章使俄，贺沙皇尼古拉二世加冕。此处应系误记。

8 张荫桓（1837—1900）：广西南海人。字樵野。

9 赵尔巽（1844—1927）:辽宁铁岭人。字次珊，又名次山、无补。

10 伍廷芳（1842—1922）：原籍广东新会，生于新加坡。字文爵，号秩庸。梁诚（1864—1917）：广东番禺人。原名丕旭，号震东。第四批留美幼童。

11 李秉衡（1830—1900）：奉天海城人。字鉴堂。1900年率兵与八国联军激战，兵败后自杀。

12 毓贤（？—1901）：字佐臣。1890年任山东曹州知府。1899任山西巡抚。八国联军攻陷北京后，被指为"祸首"，被处死。

13 祁寯藻(1793—1866):山西寿阳人。字叔颖，又字淳甫，号春圃，晚号观斋。历任兵部、户部、礼部尚书，军机大臣。

14 裕禄（？—1900）：字寿山。1898年授军机大臣、礼部尚书、总理各国事务衙门大臣。随后任直隶总督。1900年八国联军攻陷天津，兵败自杀。

15 廷雍（？—1900）：宗室。字绍民，号画巢。官至直隶布政使。

1900 年，裕禄兵败自杀，奉命护理直隶总督。10 月保定陷落，被联军拘留，并斩首示众。

16　刚毅（1837—1900）：字子良。甲午战争后授军机大臣。1900年，八国联军攻陷北京后，随扈西逃，中途病死。

17　赵舒翘（？—1901）：陕西长安人。字展如。历任江苏巡抚、刑部尚书、军机大臣。八国联军攻陷北京，随扈西逃。后被列强列为"祸首"，赐死。

18　袁项城指袁世凯。

19　排单是清代官府驿站传递公文的单据。

20　廷杰（？—1910）：满洲正白旗人。1897 年任奉天府尹。次年升任直隶布政使。1900 年，义和团运动爆发，主张镇压，被斥还京。后历官代理盛京将军、热河都统、法部尚书。

21　杨福同（？—1900）：直隶清苑（今属河北）人。字云峰。1900 年镇压当地义和团，中伏被拳民刺死。

22　徐桐（1819—1900）:字豫如，号荫轩。先后任礼部、吏部尚书，协办大学士，体仁阁大学士。八国联军侵占北京后，自缢死。

23　孙家鼐(1827—1909):安徽寿州人。字燮臣，号蛰生。曾任工部、礼部、吏部尚书，协办大学士，文渊阁大学士，武英殿大学士等。

24　曾广銮：曾纪泽三子，曾任左都御史。

25　荣禄（1836—1903）：满州正白旗人。瓜尔佳氏，字仲华。1898 年任直隶总督兼北洋大臣、军机大臣。在义和团运动中主张镇压义和团，保护各国驻华使馆。八国联军攻陷北京后逃往西安。

26　端指端王载漪，庄指庄王载勋。

27　朱祖谋（1857—1931）：浙江归安（今湖州）人。字古微，亦作古薇，号彊邨。历任国史馆编修、侍讲学士、内阁学士、礼部侍郎等。

28　许景澄（1845—1900）：浙江嘉兴人。字竹筼。历任驻法、德、意、荷、奥、比等国公使，总理各国事务衙门大臣兼工部左侍郎。

29　徐用仪（1826—1900）：浙江海盐人。字吉甫，号筱云。历任工部右侍郎、总理各国事务衙门大臣、吏部右侍郎、军机大臣。

30　袁昶（1846—1900）：浙江桐庐人。字爽秋，一字重黎。历任总理衙门章京、江宁布政使、光禄寺卿、太常寺卿。后由徐用仪保荐，在总理衙门行走。

31　王文韶（1830—1908）：浙江仁和（今杭州）人。字夔石，号耕娱，晚号退圃。咸丰进士，历任湖北按察使、云贵总督、直隶总督、户部尚书、军机大臣等职。1900年义和团运动时，主张镇压。后任政务处大臣，封文渊阁大学士，晋武英殿大学士。

32　立山（？—1900）：蒙古正黄旗人。土默特氏，字豫甫。1891年任总管内务府大臣。1900年升户部尚书。

33　1943年本作"立为汉军旗人，本姓杨，久在内府供职"。

34　翁常熟指翁同龢。翁同龢（1830—1904），字声甫，一字均斋，号叔平，江苏常熟人，咸丰六年状元。历仕咸、同、光三朝，曾充当同治和光绪帝师傅，两入军机处，被视为晚清清流领袖。

35　饶应祺（？—约 1902）：湖北恩施人。字子维。举人出身。1893 年后任新疆布政使、新疆巡抚。

36　聂士成（？—1900）：安徽合肥人，字功亭。曾参与镇压捻军和太平军。甲午中日战争期间，数次与日作战，以战功升任直隶提督。1898 年，所部 30 个营改为武卫前军。

庚子西狩丛谈卷之二

觉园居士笔述

当京津骚扰之际，予在怀来，亦正被拳匪所困。先是，直境义和团纷起，怀来毗邻各邑，亦以次波及。风声所播，群信为天神下降，到处传述拳民神技，争相炫饰，谓能吞刀吐火、呼风唤雨，宛然为封神传中人物。村间妇孺咸交口啧啧，希得先睹为快。盖民间感于历来国耻及各处教堂教士之蛮横，排外之心甚热，亟愿得相当机会，合心并力以一雪其凤愤。以故邑中有识士绅，亦洋洋乐道其事。予独念历朝往事，远者如黄巾、米贼，近者如白莲、天方，决无以异端邪术而能成立大事者。妖风一启，莠民趋之，将来必至泛滥横决不可控制，小则酿地方之患，大且遗邦社之忧。乃极口诫饬士绅，传谕里保，多方开导，严切取缔。谓："现已奉旨明禁，怀来境内，无论何人何地，均不得设有神团坛宇及传习布煽等事。违者以左道惑众论，轻则笞责，重则正法。"以此拳坛遍于四邻，而怀来一县，尚成净土，大有平原独无之象。或有劝予稍委蛇其事以姑徇众意，而留转圆〔圜〕之余地者，予固岸然不顾也。

继而风靡益甚，境内无赖游手，均汲汲思动。闻某村有一少年，练术已成，神验大著，所在乡里，群奉之为大仙。予密嘱干役张元春，设法招致来署。已而果有乡民四五人拥之前来。予令引入偏院，挈护勇数名，亲往苆视。见一黄瘦村童，问其姓为郭，问其名为双桂子，问其生年，止十六岁，殊蠢蠢如鹿豕，而神气颇傲岸，绝无畏缩态。先向予对面立，即漫然作问曰："大老爷，传我何事？"予谓："闻尔道法高妙，已得神人附体，予特欲一亲试验耳。"曰："可。"即东向垂手直立，口唇微动，不知作何语。俄而两颊作颤，面渐青如死灰，双目直视，悉改常度，忽向后直倒，瞑目挺卧无知觉。予颇皇遽，其人曰："无虑，此祖师上法时也。"良久，手足徐徐动，两手作攫拿势，渐动渐亟，突挺然起立如植木。复大声问曰："尔请我来此何事？"予曰："闻大仙降临，法力广大，深愿一得领教。"曰："可。"声洪厉，已不似曩时。乃举手屈伸，移步腾踊，如术家技击状。见者谓步武姿势，确有少林宗法。予令次第改授刀棒，纵横舞弄，咸呼呼作声响，中间屡次向予进逼，如鸿门舞剑，意在沛公者。卫兵以枪格之，乃不得前。如是数四，予叱之曰："止！速为我锁拿！"吏役以铁链套其项，初犹甚倔强，曰："尔请我来，胡得如此无礼？"予曰："我已看尔试验，实系妖术，卜令所禁，于法应惩办。"即令役牵之出，立坐堂皇。俄顷间，魔法随解，勇气骤失。予诘之曰："尔术何在？"则垂涕曰："小人初时如梦，今始醒觉，乞恩宽释，以后不敢更习此矣。"方研讯间，忽堂下喧哄，有一乡人喊叫来署，言是此童之父，势甚汹汹，谓："吾子何罪？尔等以善意邀请来此，何故妄加讯责，干犯神道？"予恶其强横，令责四百板，逐之出署，其子亦寻保释。自此境内肃然，更无敢言义和拳者矣。

未几，而津、保一带，拳焰日炽，蔓延及京师，怀来接壤各地，香坛林立。怀人亦汲汲然延颈企望，直有来苏[1]恐后之情状。一日，自延庆州突来拳民长幼约二千余人，强在西关外西园子地方设立拳坛。不数日间，境内已靡然趋之，不可复遏。自士绅以至妇孺，皆拍手顿足，喜邀神贶。予尚欲设法解散，而邑中绅耆，乃至署内胥役，皆切切私语，深不慊予所为，即上峰官宪，亦多不以为然。直棣廷雍尤称予为汉奸，逢人痛詈，谓："吴令若非曾氏婿，早当立予参劾。"邑绅因相率来署，劝予速弛禁令，并释拘禁拳民数人，谓："老父台两年以来，于吾怀德惠至厚，吾等恐以此受意外横祸，失我好官，故不惜苦口相吁，实出一片至诚，别无他意。"如是反复至三五次，予尚坚执不为动，曰："此辈终是左道，吾当官而行，依法办理，有何祸害之足虑？"是时适有亲友数人，自京中避难来署，闻知此事，皆顿足相抱怨，曰："书呆子，此何等时势，君尚欲为长[2]项令，留此祸种以求灭门耶？"予始终与抗辩，诸人皆皇遽失措。无何而奖励拳民之上谕，已四处张布，并由省转行到县。于是邑绅署幕，内外交逼，拘禁之人，不得不悉予省释矣。

越日，闻西园子坛中，拳首已公然号召徒众，从者云集。念已奉明令，更无法可禁阻，只得听之。旋有人来告，谓："彼众已相率至署，来意甚不善，务请好言款待，虑人多势杂，或生事变。"予不得已，乃洞开闳门，冠服出堂上以俟之。俄而拳众蜂拥至，人数约在三四千以外。前行者八人，自称为八仙，已至闳下，均止步序立，一一自唱名通报。甲曰："吾乃汉钟离大仙是也。"乙继声曰："吾乃张果老大仙是也。"以次序报，如舞台演戏状，拐仙并摇兀作跛势，仙姑则扭捏为妇人态，神气极可笑。予先问："诸位大仙降临何事？"曰："予等特来拜会。"予始勉与敷衍。众中似有人呼嚷，谓："此县官恐是二毛子，吾等须细细审勘。"复有人止之曰："此事从缓。今日且不必理会，如有怠慢，将来可随时监察也。"有数人同声曰："然。然则尔日后须小心。"支吾一小时间，居然相率退去，此实为予与拳匪交涉之第一幕也。

拳众去后，予正喜无事，方与幕中诸亲友围坐数述，并研究将来应付之法，忽有人至署，谓请予至坛拈香。商之诸友，皆面面相觑，无可为计。予念我竟不往，不能禁彼之不来，恐一生芥蒂，愈多枝节，不得已即如约前往。众均为予栗栗然，然迄无术可以相却。或劝多带护兵，予曰："尽吾署止二十人，以一敌百犹不足，徒增猜嫌，无益于事。"乃挈护兵六名、家丁二人，骑而行。既至坛所，见系一庙³，门外已遍扎天棚，极高敞，气象赫奕，拳民纷纷如蚁聚。既闻予至，则众中分辟一道，两旁拥立如对仗，中间仅容一人。护兵已被格不得入，予乃挈家丁及礼房书吏一人，步行至棚内。中设香案，众吼令行礼。予向上仰视，见所供为关圣，乃肃立致敬，曰："关圣系国家崇祀正神，分当行礼。"即呼礼书，命唱赞三跪九叩。礼毕，旁一人格不令起，曰："此县官是否二毛子，须先焚表请神示。"左立者乃取黄纸一张，就烛然〔燃〕之。盖彼中实以此法定神判，凡被嫌之人，均押至神前，如法勘验。如纸灰上升，可判无罪；灰不扬者，即为有罪，或立致之死。其实彼辈固别有诡法，可以任意为之也。然所爇纸灰竟不起，但闻众中哄然曰："嘻！二毛子，神判定矣。当速斩。"一人曰："吾知尔心中素不信服我等，故神降尔罚。到此处丝毫不能枉纵，不似尔等做官，可以胡涂判断也。"予曰："断罪当以事实为凭，心中云云，安得为罪？假令我谓尔心中如何如何，试问尔将以何法自明？我今已至此，宁复畏一死？但戕杀命官，事非小可，便与谋反无异，朝廷必有极严重之法令，大则屠城，小则灭族，恐尔等担受不起耳。"众闻予言，似已心怯，右一人复作排解语曰："师兄，他一向迷误，也须此刻可以回转过来，何妨再试一番？"左者曰："师兄言之有理，就请再试。"右者复取一黄纸烧之，灰将烬，忽从掌上腾起，其人曰："果然，他已明白矣！"然未及尺许，仍沉沉下坠。左者曰："如何？毕竟他心中还是迷惑不定，拿不稳主意。如此，定靠他不得，不如依法斩了为是。"两人正相持间，似有人言："且送他上大殿焚表，再行判断。"言已，众即拥予至后殿，则一人扬盾〔眉〕努目，当庭作跨马势，手张一黄缎三角旗，作火焰边，旗上书"圣旨"二字，右手持竿，左手搴旗角，如戏剧中马后旗弁。众复促予行礼，予曰："对圣旨行礼，宜也。"复命吏书唱礼，三跪九叩如仪。其人突挥手作势，将旗一卷，植竿于火炉中，不作一语。众又拥予至前庭，谓将正式谈判。予见庭中置一方桌，上设两座，左右两行，分排坐位十数，予即手撮一椅，掷之于旁，移一椅当中，自据坐之。众相顾错愕，然亦不相阻格，竟各自逡巡就坐。近案者八人，左右各四，首与身上皆红布结束，想系坛中头目。次座十余人，则腰束一红带，率皆就地士绅，彼中谓之香客，殆非彼团中人而受其延致者。予坐定审视，不觉毛戴。盖此八头目中，其一曾充予护勇，被责革退者；一曾充本县油行牙纪，亦以顶名朋充被革；另一人则曾以犯案受枷责示众。三恨同仇，相逢狭路，念今日祸且不测，然已无可如何。想果死于此，亦系前冤夙定，一转念间，气反为之加王〔旺〕。视列座皆嘿嘿无语。良久，左座一人忽面目抽搐，欠伸起立，曰："吾乃汉钟离大仙是也。不知县太爷驾到，未能远迎，面前恕罪。"语甫竟，右座一人亦如法起立，曰："吾乃吕洞宾是也。"左者即向之拱揖，曰："师兄驾到，有失远迎，恕罪。"右者亦拱手曰："候驾来迟，恕罪请坐。"左者复曰："师兄在此，那有小仙坐位？"右者曰："同是仙家一脉，不得过谦。"左者曰："如此一旁坐下。"装腔弄态，全是戏场科白，几欲为之捧腹。予亟挥手示意，曰："止，止，我先有话请教。我知钟离大仙乃是吕洞宾之老师父，岂有师父向徒弟如此卑谦之理？"钟离以手执大羽扇，指余厉声曰："县太爷乃是凡人，那知我仙家道理！我今须要审问尔三条大罪。"予曰："不知何罪，倒要 **4** 请教。"曰："本团为国出力，尔为国家官吏，乃到境以来，丝毫未有帮助。嗣经绅士往说，乃竟朱书一条，上写赏银十两。我等何人，岂受赏字！况此区区之数，何足重轻。此尔之大罪一。不帮助尚是小事，乃反多方禁遏，挠阻忠义，此尔之大罪二。凌虐我团中信徒，侮慢神使，此尔之大罪三。这三项大罪，证据确凿，看尔如何辩答？"予行时幸携有《京报》二册 **5**，一载禁止拳民之上谕，一载弛禁奖厉 **6** 之谕。因摹仿彼等动作，当时即起立抗声曰："本县系遵奉圣旨办事，何得为罪？现有凭证在此。"即从袖中取出一册，两手祗捧，大声宣告曰："圣旨下，跪听宣读。"众愕然相视，不跪亦不语。予朗读一通，曰："尔等当已明白，如此煌煌圣旨，令我禁止拿办，我安得不遵奉？"曰："这圣旨安知非尔假造？"予曰："嘻！这更奇怪。你看此是黄面刻本，从京发到省，省发到县，难道我一时间可以刊印出来？况假传圣旨，何等重罪，我怎有此胆量？"吕仙从旁驳难曰："既有圣旨拿办，你何以后来又不拿不办，反将已办之人释放？这明明看我等势头已大，故尔翻身讨好，难道又不要遵奉了么？"予曰："不拿不办，也是遵奉圣旨办理的，现又有证可凭。"当从袖中另出一册，捧之宣告曰："圣旨下，尔众跪听。"复如文朗读一通。吕仙曰："既系圣旨，何以前此要禁，后又不禁。出乎尔，反乎尔，是何道理？"予曰："此则须问皇上，与我无干。依我想来，或因从前未有实验，不敢放心，故要禁止。近来看得团中弟们，确是忠心为国，所以又加奖励。皇帝为万民之主，威福本可从心。只看戏文上，古来忠臣义士，忽而问罪抄家，忽而封侯拜将，前后反复，都是常有之事。我辈做官，只有奉令而行，岂敢向皇上根究道理？我今有话在此，诸大仙如果能打退洋兵，保护皇上，那时奏凯回来，我当跪于道左，香花迎接。如徒恃人众，欺凌地方长官，我纵为尔等戕害，亦不心服。

王法具在，终必有百倍抵偿之一日也。"

言至此，两人似皆语塞，彼此愕顾，若更欲求一言诘难而不可得。方在支吾对付间，忽见万头波动，有一人以两手捧股，从众中踉跄叫喊而上，曰："好，好，县太爷在此，今日必弗令轻脱。吾股上四百板花尚在，须请大家算账也。"视之，则郭双桂子之父，前因其子被逮，咆哮公堂，曾被答责者。一波未平，一波又起，心中亦不觉为之趑趄。幸赖旁坐诸绅士从中护助，群合词起呵喝，谓："此地无尔讲话分，不得无礼，速退！速退！"此人乃竟嘿然而止，抱头鼠窜，缩入人丛中。一场啰唣，遂得无形消解。盖是时虽甚扰乱，而绅士犹为人所信服，此亦难得之事也。此时钟、吕两仙尚念念有词，予亦未辨何语。忽吕仙接座之一人突挺身起立，颐颏颤动，两手飞舞作势，似气力甚坚劲，口吃吃不能遽发声。良久，始嗫嚅作语曰："吾，吾乃关圣。"此语一出，座中咸战栗失色，堂上堂下悉匍匐伏地，叩头如捣蒜，口中齐声高呼："请大圣回驾。"连叠不止。其人支撑数四，似气力渐懈，亦遂颓然就座，默无声息矣。

该团中既供奉关帝为主神，乃对之悚惧如此，殊不可解。事后询究，盖谓关帝大驾不易下降，降则稍失诚敬必罹重谴，受祸至不测，故不敢当此大神也。尔时虽已退神无事，然诸众犹怅惘相对，如失魂魄。绅士中有以目示意者，予遂乘间告辞，谓须回署句〔勾〕当公事。彼众均愕眙相顾，似一时不得主张。予即离座前行，亦迄不加阻止。两绅士翼予至门首，门间十数人左右立，阻之以肘，予努力格之而出。两旁拥立者，似不肯让道，故横肱鼓腹以相挺撞，然亦无直截阻拦者，予竟从众中分道，直抵棚外。护兵已控骑相待，立上马急驰。去坛稍远，气始为之略舒。不意甫及西关门，复有人从后奔至，急呼曰："请县台在西关艾家店等候，大师兄尚有话，且勿遽回衙署。"予一时莫测来意，殊周张无计，然不得不勉从所请。候至日入，竟无消息，计不复再候。正传呼导从，将欲上马，则又有一人续至，谓："今日无事，请县台返署可也。"归途中不胜愤懑。念此行真可谓投身虎穴，在当时已将生死置之度外，亦殊无甚畏怯，事后追思，反不觉怦然心动也。

县署东南有法国教堂一所，甚宏丽，教士人等早皆已逃避出城，麇聚于距城七十里之双树村，筑垒坚守，堂中空无一人。予甫自艾家店回署，拳众数千即尾随入城，环绕教堂，纵火焚烧。但闻墙倾栋折及群众欢噪之声，如波翻潮涌。凡拳匪焚烧教堂或民房时，在场观者，无论男女老幼，皆令环跪，同声大叫"烧烧烧，杀杀杀"，呼声震天，助其逆势。有不从者，则指为二毛子，顷刻剁成肉糜。俄顷烟焰涨天，火星飞入县署，予顿足忿叹，无可如何。家人咸诫予毋作此态，恐师兄闻之，指为反对，将有不利也。方烦灼间，有绅士请见，谓师兄有言，请县长捐助香火银若干，即可赎罪。予曰："予有何罪当赎？且囊无一钱，奈何？"诸绅曰："愿效奔走。"有顷，各携银钱袋入署，有数十金者，有百余金者，合数并计，已凑成五百两。盖县城向无钱庄、银号，惟有粮食店数家兼代兑换，或由当铺通融，始得此数，诚非易易。予曰："承诸君善意，任自为之，吾不问也。"诸绅乃相率同去。俄顷复返，将原银如数退还，谓师兄言县官尚清廉，吾知此银全系借来，不必收受，因此故得珠还云云。予一笑谢之，诸绅遂欣然分携银袋而去。此一日间事，又算侥幸结束矣。

无几时，城内复另设神坛一处，云系从西关坛中分派而出者。大抵以在坛头目互有权利冲突，不能相容，因愤裂他出，自谋独树一帜，从此怀来境内更添一阱。一之为甚而有再，哀我怀民，其何以堪！然此时魔势方盛，官力至薄，已无法可以干涉，只有空呼负负而已。

两坛分立以后，各自招集教徒，分树权势，几于无事不相角竞。地方人民介在两暴之间，左右支应，动招疑忌，受累因之益甚。幸一切争执皆由绅士从中排解，一无所赖于予；而双方又皆有利予为助之希望，暂不欲与予结恶，予转因此以纾其祸。经过一再争搏交涉，似乎地盘分配，较有眉目，遂亦稍稍相安。然暗中之蛮触斗争，固未尝一日或息；而以予为彼中注矢之的，又两坛所共同一致者。特区区官府之名义，尚未完全消灭，彼此皆略有顾忌，均不欲首先发难，独负其责耳。

怀城西北隅有一白衣庵，乃古刹也。地殊幽静，住持某僧亦颇有戒行。署中幕友辈暇则前往游览，藉消尘俗。一日，予姊丈缪君石逸赴寺茗谈，偶述及拳事，某僧颦蹙曰："阿弥陀佛！此辈号称义民，而比来行径乃复如此，直与盗匪无异，尚安望成事？县官真明见，先时禁止拿办，众意尚不谓然，不意遗祸至此。如今吾邑人当已感悟，然县官因此受累已不浅，好官诚不易为哉！"言下叹息，诵佛不止。石逸回署，晚饭时偶为予述之。次日早晨，即闻拳匪数千人围绕该寺，将某僧捆曳而出，无可加罪，则曰：此白莲教徒党也。竟积薪焚死之，厥状甚惨。人人咸知其冤，而莫敢一言。匪焰之凶毒如此。

拳匪以衔憾未泄，意犹不释，时时欲与予为难，吹毛索垢，无孔不入，情状殊极鬼蜮。一日，城外西园子拳众数千人忽又哄至堂下，谓将焚烧公署。予不得已出门外谕解之，则见署之头门后户，皆已树有红旗，上书"南方丙丁火"字样，相戒以午正举火。方纠葛间，城内坛上之大师兄亦以此时来署，佯作善意，谓特来排解。予深悉其诡谲，任其如何巧弄，均坚词婉拒，不为所动。彼乃怫然大怒，厉声曰："这真不知好歹。我不管了！"即率其众呼啸去。予独与西园拳首交涉，反复劝阻，谓尔等皆予部民、怀来好百姓，若有事理，尽可商量评论，何用如此扰扰。其中一人即大声直前曰："咄！这都是二毛子口吻，至今日尚如此托大，乃居然视我等为尔部民耶？来，来，你且子〔仔〕细睁着眼，试看我头上何物？"予果就视之，乃剪成洋铁一片，朱书一"佛"字，缝之首帕。即自指其额曰："老佛爷见了，也要下跪，小小知县官，算个什么！这署非焚毁不可。弟兄们，齐心听令！"予亦大声诏之曰："县官即不德，罪止在予一身，今可听尔等处置，何至怒及衙署？即令尔等能平尽洋人，我国内总不能不有官府；既有官府，即不能无衙署。此好好的怀来县署，若将来须要重新建造，在势必须请动公款，当然要将此番事实说明。彼时皇上问是何故焚烧衙门，谁人为首，谁人起意，定有承当其罪者，于我固无与也。况戕杀官长，即是谋反大逆，是何等情罪，吾前已屡言之。若加以毁署，则罪上加罪，将来如何办理，更不可以测度。恐至少亦须有数千百人按法偿抵，其中难免有尔等之亲戚故旧同时被累。大兵一至，玉石不分，后悔宁复可及？我今日尚忝为怀来父母官，相处两年有余，对于怀来民众，皆有手足骨肉之谊，良心所在，总不忍不将此中利害向尔等预为宣说耳。"

彼闻语似觉气沮。为首一人，故以两手遮目，向天空左右望，旋顾其侣曰："师兄，时候未到，尚须改日办理。我辈且回，好歹逃不了掌握也。"遂亦呼啸一声，扬长而去。此一绝大难关，又获平安渡过，殊意料所不及也。

有一次最为棘手，盖梦想不到之意外事故，突然而来，扑朔迷离，令人莫可捉搦，则真无法应付矣。先是拳匪初起时，京畿各县，怀来以外，惟署定兴令罗君正钧，与予主张相同，亦一律严禁拳坛，缉拿惩办。拳民固衔之至切，而廷臬恨彼，亦正与予相同。罗君负文名，有政声，曾致书于予，盛称予之明识，且痛诋拳匪，谓将来必召大祸。此书不知何时为署中人所泄漏，乃益为拳众切齿。从此凡予往来信札，暗中均被检阅，而予固绝未之知。予有至友会稽陶君杏南，名正钧[7]，时充总理衙门同文馆东文教习，予频与通音问，率多感愤时事、诋议拳祸之语。每去信，则专遣马勇一人，入都投递。一次予遣专勇带信，行至居庸关，拳众搜检行李，此函竟被发见。彼仍纵勇入都，而将此函寄交怀来匪首，请其查究。一日早间，突有拳目多人，簇拥来署，要予出见问话。予一出阎门，为首者即厉声曰："尔平日每饰言不反对我等，今真凭实证已落我手，看尔尚有何法抵赖？"予茫然不知所答。因询问何事，彼即以此函掷之予前，曰："此非尔亲笔耶？其中所作何语，请尔自宣读。"予一见此函，不觉惊异失措。念只有矢口推诿之一法，即佯作不解，曰："嘻，此函何来？何为牵涉及我？我绝未尝作此函，亦并不知此事。"既而作猛省状，曰："是矣。此必有奸人造作诬陷，欲害我，以并害尔等。万万不可轻信，堕其术中。假令我存心反对尔等，则必有何种计议之事实，空空写此一函，说几句废话，有何作用？"其人曰："尔之亲笔，何人可以假造？"予指函示之曰："此安云我亲笔？你看丝毫不类，且上面又无印信图记。如此空函，任是何人，皆可假冒，安能作据？如不信，可当面核对笔迹，若果相同，愿甘倍罚。"予深料彼等必无鉴别笔迹之能力，故敢大胆言之。旁一人掺言曰："彼存心反对我等，为日已久，不定尚有何种图谋。我想此等笔札，必不止此一件，今日必得认真搜查，以免抵赖。"语至此，一人忽出一剪就纸人，长五寸许，上用墨画眉目衣折，擐甲执戈，如戏剧中武士装束，却自腰截为两段，扬言曰："我等昨夜巡逻街道，于灯影下忽见一人前行，步履甚急，如畏追捕者。我即奋力追上，举刀横斩之，其人即倒地不见。以火烛之，地上惟有此纸人，已成两截矣。当经归坛焚香叩祝，恳请神示，适奉洪钧老祖降临，判明真状，谓系尔容留白莲教徒在此，兴妖作怪，欲与我等为难。怪道昨有辎重车一辆，从京来此，直达县署，其中有四箱纸人纸马及草豆等物。同来之人，皆有妖术，尽能剪草作械，撒豆成兵。是尔反状已实，不能不趁此彻底查究。”予亟应之曰：“如此极好，请速速检查。我署中如搜得一纸一字与此相同，及有纸人纸马可作证据者，悉听凭尔等处置，刀锯鼎镬，一无所悔。”其人曰：“尔即有之，难道不能销毁耶？”予曰：“我事前并未知尔等来此，当然无有预备。若令销毁，必在此一顷刻间，无论如何，定有残灰冷屑消灭不尽之痕迹。请速进内一勘，如有丝毫灰迹，不论何等文件，均可认作凭证，一样认罚。若过此以后，便不能无端诬蔑，横加缠扰。尔自受人愚弄，欲陷尔众于戕官谋反之大罪，尚不自知省悟，转来向我叨絮耶？”彼等闻予措词坚决，似觉理直气壮，心无虚怯，因而对于此函，亦不免发生疑窦，觉予所言云云，实有理致。至纸人草豆，明是彼等所捏造，自更不敢坚持。来时凶焰，不觉徐徐敛息。一人即作收帆语曰：“尔诚善辩，但早晚必有真确证据，使尔不能置口。师兄们且先回坛，姑再放他一次，改日再来问讯可也。”此一度绝是险境，又幸以数语得解，则尤出意外矣。

越日，马勇自京回，始知陶杏南因曾留学日本，已被步军统领庄亲王部下逮捕下狱。微闻初被收时，有一六品顶戴校尉坐堂审讯，突然问口：“赔款二万万与日木，汝与翁同龢、张荫桓等分了多少？从实招来。”陶曰：“此话从何说起？我不过一翻译耳，安能经手赔款？请明察。”云云。此

人卒亦未加刑讯，入狱后亦未上刑具。传闻为拳匪促〔捉〕
拿羁押者，殆不下百余人。此函即不被截搜，到京亦无从投
递，或且招意外枝节。祸中福，福中祸，固皆不能预测也。
后洋兵入都，陶君始得出狱，被拘已六旬有余矣。日人甚重
陶君品学，故此次惟日兵所住界内，诸人皆获安堵，实陶君
从中斡旋疏瀹之力为多云。

予在拳匪巢窟中，凡无理取闹之事，殆亡虑数〔数〕
十百起，细琐口舌，几于无日不有。三番四叠，而卒获苟免
者，亦幸赖两年来孜孜兀兀，小心求治，不苛敛，不滥刑，
宽厚待人，平恕折狱，与地方绅民尚无恶感，怀来百姓颇谬
称为好官。以是拳众虽挟有积嫌，而牵于怀人公论，尚不敢
无端加害。无形之中，实赖士绅维护之力。若平日稍有徇私
枉法，结怨百姓，则区区一身早已成为齑粉。乱世为吏，险
矣哉！

自京津构战，我军迭遭败衄，溃兵纷纷窜入怀境。拳团
亦颇知儆惧，则谋撄城为固守计。东西北各门，悉以土石填
塞，独留向南一门通出入 **8**，派有多人在此，专司盘诘。匪
众皆以红布帕首，登城守望。予恐为溃兵所见，致遭攻劫，
殃及城民，迭令绅商劝阻，迄无效果。以后消息日急，彼中
丁壮，皆以搜查二毛子为名，分向各山乡搜括隐匿，止留老
弱残余，在城防守。匪势因之日杀，予亦稍稍得安静。但各

门堵塞如故，出入仍不得自由。匪特于城上为悬筐，凡有往来文件，则投之筐中，缒而出入。各地来文，必先经彼查勘无碍，始行转送来署，发行文书亦然。故予在此数十日间，直如困守围城，内外隔绝，终日坐井观天，殊不稔外间大势作何景象也。

最后尚发生一极大难题，无法可解，直可谓陷于绝地。盖是时廷雍已勾结拳匪头目，力挤藩司廷杰而代其位。廷藩去任时，竟有拳匪多人拥伺堂下，甫出阎门，即被拦截。有两人持长刀径出左右，向前直劈，廷公为之目眩魂失。刀光过处，嘎然一声，双杠齐断，肩舆立时顿地。廷公几倒仆舆外，幸为手板所格。然板亦随断，两手腕均受伤。旋从舆中横曳而出，厉声呵叱曰："咄咄。你这二毛子官，现已犯罪削职，看饶得性命，已是非常造化。尚配尔 **9** 装腔作架，用此舆从耶？"左右卫从，立时奔散。廷不得已，只身步行跟跄出城外，仆役均遥遥随护之。出城后始稍稍聚集，摒挡就道。沿途经过拳坛关卡，节节阻难，所至辄令跪伏神前，焚表勘验，一如予在西关坛中领略情状，而横暴加甚。盖予当时尚有就地绅士为之护符，胆力差壮；彼则孤身独客，举目无依，情状更难堪也。白保定至京师，一程 **10** 之路，凡历十余日而后得达，随身行李衣服，掠夺俱尽，抵京师仅存一身，面目都失，狼狈殆无人色。闻皆由廷雍从中嗾使，故有意凌辱之。两人蓄怨至久，当不止于一言一事，但初因予事发生龃龉，宵人乘间挑拨，因而愈结愈深。衅由我启，思之不无耿耿。顾区区口角微嫌，乃至如此相报，居心亦太酷矣!

廷雍既已窘廷藩，黜罗令，独予尚安然无患，彼意中当然未释。但革我无罪，撤我无名，且仅止于革撤，犹不足以塞其意。揣彼之心，实欲置我于必死之地，而又不甚显露痕迹。盖因予有曾宅关系，勋门至戚，不欲间接结怨也。彼前已一再昌言之，所以窥及彼隐。然因此之故，转觉一时摆布，亦颇不易。彼乃别出心机，忽然下檄，以予与威县对调。盖是时署威县者为孙毓琇，系李秉衡之婿，李方以倚重拳匪得柄用，廷欲迎合李意，故特以怀来调剂之。威县辽僻，而怀来近地较完善也。孙分可以来，而予势不能往。一以结李之欢，一以置予于毒，一举两得，而表面上又无丝毫可议，其用意可谓至巧。予念威县去怀来千余里，群盗载途，如何可达? 况予素为拳匪所蓄憾，所以幸免于难者，半藉怀来绅耆之调护，半亦以地方官长名义所在，不能不有所瞻顾也。若一旦卸篆，则自彼视之即为平民，便无所用其顾忌。行则重关列卡，到处堪虞，恐未至居庸，即已遭其毒手;留则旅寄孤悬，居停何恃，即偶资托庇，亦难倚以久安。何况幕僚亲旧，相依尚有多人，书籁衣笼，身外不无长物。际连天之烽火，还乡里莫定平安；惊遍地之荆榛，望京邑亦难遽达。仕与止两无长策，去与留悉蹈危机。前顾无涯，四方靡骋，真成日暮途穷之景象。现状已成险境，离此一步，恐欲求现状而不可能。但孙君出谷迁乔，其来必速。新任一至，势不能不立予交代，绝不容有纡回计较之余地。论官场通习，虽已奉有明檄，第须斡旋得法，亦未尝不可转败为功，因祸成福。但予初无此种长技，况现在暗中劲敌实为廷雍，肘腋之下，东西南北，举不能出其掌握。彼既蓄心死我，宁复有术自全？每沉思至此，但觉肝肠百结，寸寸皆成锢室。除听天任运，坐待脔割外，别无他法。兼以闷守空衙，群狼环伺，耳目闭塞，绝不知阎门以外作何动静。近虑目前之险，远思来日之难，每诵苏子瞻"梦绕云山心似鹿，魂飞汤火命如鸡"之句，此身飘飘然，直觉釜底游鱼，煎糜即在旦夕。不意绝处逢生，忽有两宫驾到之一幕，霎时间天旋地转，又别开一世界。虽后来之遭际不知何似，而就此一时境地论，则真可谓太阳一照，万煞全消；八面罗网，同时并脱矣。

注释

1　来苏，语出《尚书·仲虺之诰》，后来形容百姓盼望从疾苦中获得解脱。

2 1943 年本作"强项令"。

3 1943 年本作"有一古庙"字。

4 1943 年本作"到要"。

5 1943 年本作"两册"。

6 1943 年本作"奖励"。

7 1943 年本作"大钧"。

8 1943 年本作"东南各门,悉以土石填塞,独留向西一门通出入",
当据卷三"迁道出西门"一节改。

9 1943 年本作"尔尚配"。

10 1943 年本作"三程之路"。

庚子西狩丛谈卷之三

覭园居士笔述

七月二十三日，天色阴晦。啁外间都无消息，沉闷殊不可耐。长日与署中幕僚亲友，楚囚共对，气象阴惨，昏昏然不知身在何等境界。视日已向暮，则促具晚餐，计惟得举酒浇愁，暂图一时暝醉。忽由匪处送一急牒至，谓系紧要公文，心即为之跃跃不止，念此时必无好消息。旋由家人呈递，第见粗纸一团，无封无面，已绉〔皱〕折如破絮，乃起向案角仔细平熨，仿佛为一横单。就灯下视之，上有字迹数行，其式如左：

皇太后、皇上，满汉全席一桌

庆王、礼王、端王，各一品锅

肃王、那王、澜公爷、泽公爷、定公爷、棣贝子、伦贝子，各一品锅

振大爷、军机大臣、刚中堂，各一品锅

赵大人、英大人年，各一品锅

神机营、虎神营，随驾官员军兵，不知多少，应多备食物粮草。

光绪二十六年七月二十二日

年月上盖用延庆州州印，始知延庆州带印公出，两宫

圣驾已在岔道住宿，离怀境止数十里。于是阖署惶骇，不知所出。诸幕友并疑为伪，惟予详认字迹，确为知州秦奎良亲笔，于理不得有误。或谓即使真为御驾，此山谷荒城，何法办此大差？不如置之不理，听其自去。既无正式上官命令，乱离仓猝中，谅亦不至为罪。供应而不如意，势且受不测严谴，岂非自取其咎？或且有劝予弃官逃避者。仓皇聚讼，莫衷一是。予踌躇再四，念身为守土官吏，亲食其禄，焉有遭逢君上患难而以途人视之者？祸福固不可测，然尽吾职而得祸，于心无尤。即巧避而幸全，返之吾心，终觉恻恻不安。惟有悉吾力所及以为之，前途祸福，只得听之气数。于是乃决计迎驾，不复反顾矣。

怀来本京绥孔道，轺车驷马，络绎不绝。因此特置两驿四军站，额设驿马三百余匹，平时供张人役，器具刍茭，颇有储峙。奈是时地方秩序已乱，严城之中，内外隔绝，驿务亦停顿废弛，百物悉遭损耗。原有驿马，多为溃兵所掠，现仅存五六十匹。其余器物，更复无从征集。但岔道离怀来所属之榆林堡仅二十五里，自榆林堡至怀来又二十五里，相去只五十里。计明日必当启跸，第一站即为榆林堡。向例大差过境，必当于此地迎候，预备休息打尖，无论如何，万不能不稍有供顿。堡中平时本住有司事数人，承办驿务。乃先发急足前往知会，命就地料量饮食。本署雇有庖丁三人，厨役十数人，亦为办差之需。乃先派一人，携带下灶及蔬果海味等物，夤夜赴堡帮同该站司事治办一切。乃守门拳匪坚不允放行，不得已缒城而出之。方是时，拳匪之精壮者皆入南山打二毛子，城中惟老弱拳匪三四百人。予夜将出城，为首者质问何事，予曰："前往接皇太后、皇上圣驾。"匪首厉声曰："他们皆已逃走，何配称为太后、皇上？"予曰："皇上巡狩，全国以内皆可行。如我为知县，私行出境，始可谓之逃走。若下本县各乡办公，亦可谓之逃走乎？"匪顾同类曰："此乃二毛子口气，应当宰了。"众遂大呼入暖阁门。予急奔入，语马勇曰："有入二堂者，即开枪，毋稍顾忌。"匪闻之大惧，相率出署，迫市肆居民人出一丁，头上幂以红布一方，各执灯笼，登城作防守状。时京畿溃兵，日夜北行，如蚁如潮，络绎不绝，悉从城外经过。彼辈皆恨拳匪切齿，倘见红布蒙首，误为拳匪，或以大炮轰击，城民又实无捍御之具，岂不危险？予虽深虑及此，然无法禁止。予有一侄在署，延博野诸生某君课读，某君自言与拳民大师兄某为同乡，当往说之，使其率众下城。予曰："甚善。"有顷，仓惶返署，神色沮丧，言顷往见其头目，甫启齿，匪首即怒詈曰："此二毛子说客，速开刀勿轻纵。"即有数人将其捆缚，反接两手，捽令长跪，乃叩头哀求，久之始释云云。因怒目向予，谓："今日为君故，几不保性命，实堪忿叹！"予再三慰藉，犹悻悻不已。予姊夫江阴缪石逸延福，适于前月避难来署，予即请其多书"尧天舜日"等颂扬朱联。西关有行台一所，本为大员往来过境公馆，即预备于此为行宫，连夜糊壁粘联，悬灯结彩，扫除陈设，粗有可观。一面飞请本城官绅筹商一切，因请诸绅传谕居民商肆，相与协力为助。诸绅突闻驾至，皆相顾错愕，不敢发一语。予好慰之曰："无庸。第嘱本城居民，将存贮食料出其二分之一，多制备食物、米饭、蒸馍、烙饼、稀粥等事，多多益善，或能佐以蔬干盐菜尤佳。所需价额，将来均由县负责偿给，决不相累。"则皆哄然应曰："如此易办，决当遵命。但拳民顽梗，不可理喻，恐父台不能出城，将如之何？"予曰："是无虑。予为守土官，奉旨迎驾，非出不可。彼辈向自称义民，今御跸将临而不允吾出，是反也。惩治反贼，吾自有严法，更何所顾忌？"时署中募有马勇二十名，装械整饬，颇勇敢能效命。予因传队目至，当众下令曰："尔等明日以八人随我迎驾，可整枪实弹，径由西门出，有敢阻遏者，即发枪射击，格杀弗论，予自负其责。"队目唯唯听令。予因商之诸同寅，教官丞簿咸在座。予曰："吾明日拂晓即出城，诸门已堵，此时即开塞搬运亦不及，只得迂道出西门。但东门当辇道，不能更烦銮舆环绕。请诸君立即掘去土囊，洞开城门，并以堵城之土，将街心积潦填平。扈驾大兵且至，如有人出头违抗，必杀毋赦。"诸人均承诺退去。正忙乱间，忽见所遣厨役踉跄而前，血淋淋满襟袖，谓所携肴核，系雇两驴驮载出城，仅二三里许，即被游勇掠去两驴，食物悉弃于地，并刃伤右臂，因不得前往云云。念无可如何，姑且置之。县城向无猪肉铺，予乃命厨夫屠豕三头，除治办筵席外，别以大锅三口，烂煮杂脍蔬肉。扰扰终夕，部署粗定，而东方已白矣。

予先室曾夫人[1]，于前一年己亥小除日逝世，未有子女。是时尚未续娶，惟予姊及姊丈适以前月来署；尚有一嫂一侄，亦从在署中；余则只幕客数人，及京官旧友之避难来署者，此外别无眷属。只得托姊丈代为主持照料，并借用民房、铺户、庙宇，嘱为布置扫除，以备王公大臣及随扈官吏公馆。予旋自行检点各事，碌碌竟夜。拂晓，即挈马勇八人，策马径向西门而行。顾当时拳匪间谍遍布于吾左右，一言一动，无不向外报告，予先夜令马勇所言云云，彼等俱已周悉，因竟不敢相阻。而道中红布狼藉满地，盖已闻官兵将至，恐受屠戮，故汲汲扯脱抛弃也。

出城八九里间，忽大雨如注，淋漓遍体。予尚衣补服，幸携有紫呢外罩，即披之于外，加油兜于凉冠，冒雨竟行。道本沮洳，至是益泥泞不可放马足；又风吹湿衣，寒冷彻骨髓，颠播瑟缩，困顿殆不可言状。幸俄顷而雨止，适见近面有一驮轿，迤逦而来，一骑为前导。予不知何人，即弛油兜外罩，驻马道左以候之。俄而至近，前骑即高声问曰："来者其怀来县耶？"予应之曰："然。"曰："此即军机赵大人。"而舆行已至身畔，予方拟下马，赵公即搴帘止之，问："前去有无馆舍？"予曰："大人公馆，谨已有预备，惟得信仓猝，恐不及周至。"曰："有舍即可。两宫饥寒已两日夜，情状极困苦。洋兵打入紫禁城，势不能不走。汝但竭力供亿，使两宫暂得安适，庶稍苏积困也。大驾随后且到，可即前行迎驾，吾无多言矣。"

巳正，抵榆林堡，则居民逃徙已尽，街市列屋尽闭，寂然无人烟。寻至站所，仅有管驿家丁董福一人，尚留守未去。问以所事，曰："全堡已空，稍有余物，亦为兵匪掠尽，更无法可搜集。驿马但有老羸者五匹，余皆为乱兵掠去。此堡只有骡马店三处，今择其较宏整者，备圣驾小憩。几椅铺垫，夹板门帘，朱拓字画，均略有陈设。本令每店各煮绿豆[2]小米粥一大锅，乃两店之粥，已为诸军吏卒掠夺一空。此店之粥亦几被攫食，再三央告，谓此系预备御用，始获保存。现所余者止此矣。"予曰："现在已无他术，惟力保此锅，勿再被劫为要。"因自坐店门石墩上，命马勇荷枪侍立，遂无人敢入店。

俄见肃亲王[3]乘马先至，予都中旧识也，一见即向予致语曰："皇太后乘延庆州肩舆，其后驮轿四乘，皇上与伦贝子共一乘，次皇后，次大阿哥，次总管太监李莲英，各坐一乘。接驾报名时，俟四人轿及第一乘驮轿入门，即可起立。"予唯唯谨记。旋见导骑十余，驰骋而来，前骑传呼驾到。遥见四人异蓝呢大轿前行，将至店门，予跪唱："怀来县知县臣吴永跪接皇太后圣驾。"接连一驮轿，见其中对坐二人，复高唱："怀来县知县臣吴永跪接皇上圣驾。"报名毕，即起，仍坐门外石上候命。复见双单套骡车七八辆，则瑾妃及庆王两女与宫女、女仆，各项首领太监，皆陆续入店门。其扈跸王公军校，悉散立街衢或在店铺门外，骑步兵卒约数百人，纷错不整，悉现饥疲之状，盖已狼狈数日矣。

纷扰略定，忽一太监出门外，大呼曰："谁是怀来县知县？"瞋目蟠腹，声锐而厉，仿佛如演法门寺。后知此太监为崔玉桂，当时为二总管，后代李莲英为总管者也。

予因起立自认。彼复厉声曰："上边叫起，随我走！"予见其来势汹汹，意或有谴责，因私叩以上意吉凶，曰："这那知道，且碰你造化。"径以手挟予腕而行，入院至正房门外声报，始搴帘令入。其室为两明一暗，正中设方案，左右列二椅，太后布衣椎髻，坐右椅上。予即跪报履历，并免冠叩头。太后先问姓名，予如问奏答。又问："旗人汉人？"予奏言："汉人。"问："何省？"曰："浙江。"又问："尔名是何永字？"予仓卒更不记他语，因信口作答曰："长乐永康之永。"曰："哦，是水字加一点耶？"予应声称是。复问："是何班次？何时到任？"予一一陈奏。曰："到任几年？"曰："三年矣。"问："县城离此多远？"予答谓二十五里。曰："一切供应有无预备？"予谨奏曰："已敬谨预备。惟昨晚方得信，实不及周至，无任惶恐。"曰："好，有预备即得。"言至此，忽放声大哭，曰："予与皇帝连日历行数百里，竟不见一百姓，官吏更绝迹无睹。今至尔怀来县，尔尚衣冠来此迎驾，可称我之忠臣。我不料大局坏到如此。我今见尔，犹不失地方官礼数，难道本朝江山尚获安全无恙耶？"声甚哀恻，予亦不觉随之痛哭。太后哭罢，复自诉沿途苦况，谓："连日奔走，又不得饮食，既冷且饿。途中口渴，命太监取水，有井矣而无汲器；或井内浮有人头，不得已，采秫秸杆与皇帝共嚼，略得浆汁，即以解渴。昨夜我与皇帝仅得一板凳，相与贴背共坐，仰望达旦。晓间寒气凛冽，森森入毛发，殊不可耐。尔试看我已完全成一乡姥姥，即皇帝亦甚辛苦。今至此已两日不得食，腹馁殊甚，此间曾否备有食物？"予曰："本已谨备肴席，但为溃兵所掠。尚煮有小米绿豆粥三锅，预备随从尖点，亦为彼等掠食其二。今只余一锅，恐粗粝不敢上进。"曰："有小米粥？甚好，甚好，可速进。患难之中得此已足，宁复较量美恶？"

忽曰："尔当叩见皇帝。"因顾李监曰："莲英，尔速引之见皇帝。"时皇上方立于近左空椅之旁，身穿半旧元色细行湖绉绵袍，宽襟大袖，上无外褂，腰无束带，发长至逾寸，蓬首垢面，憔悴已极。予随依式跪叩，皇上无语。乃仍还跪太后前，复问数语，曰："予今已累，尔亦可下去休息。"予即退出，至西厢房，随将小米粥送入。内监复出索箸，仓卒竟不可得。幸随身佩带小刀牙筷，遂取箸拂拭呈进。顾余人不能遍及，太后命折秫秸梗为之。俄闻内中争饮豆粥，唼喋有声，似得之甚甘者。少顷，李莲英出，就予语，词色甚和缓，翘拇指示予曰："尔甚好，老佛爷甚欢喜。尔用心伺候，必有好处。"复谓："老佛爷甚想食鸡卵，能否取办？"予曰："此间已久无居人，安所得此？然姑且求之。"李曰："好，好，尔用心承应，能讨老佛爷喜欢，必不吃亏。"予乃出至市中，入一空肆，亲自寻觅，最后抽一橱屉内竟有五卵，得之乃如拱璧。顾从人皆已四散照料，苦无法可熟，不得已，即于西厢自行吹火勺⁴水，得一空釜煮之。继更觅得一粗碗，佐以食盐一撮，捧交内监呈进。俄而李监复出，曰："老佛爷狠〔很〕受用，适所进五卵，竟食其三；余二枚，赏与万岁爷，诸人皆不得沾及，此好消息也。但适间老佛爷甚想水烟，尚能觅得纸吹否？"予思此又一枯窘题。忽忆及身边尚藏有粗纸数帖，勉强可用，乃就西厢窗板上自行搓卷。辗转良久，止得完好纸吹五支，随以上供。不数分钟，太后已搴帘出廊下，手携水烟袋，自点自吸，已得饱食后，神态似觉稍闲整。顾予在右厢廊间，复令就近与语，予不得已即于院内泥泞中跪听。先絮絮问琐事，因言："此行匆促，竟未携带衣服，颇感寒冷，能否设法预备？"予奏谓："臣妻已故，衾具箱箧均存寄京寓。署中无女眷，惟臣母尚有遗衣数袭，现在任所，恐粗陋不足用。"曰："能暖体即可。但皇帝衣亦单薄，格格们皆只随身一衣，能为多备几件尤佳。"予奏答："臣回署当检点呈进。"曰："尔可先回去料理，予与皇帝即将启行矣。"予奏："臣候叩送圣驾即行。"太后曰："我乘延庆州轿子，舆夫已疲劳，此处能换夫否？"予奏曰："臣已预备齐楚。"太后曰："延庆轿夫倒甚好，所换之夫，不知能否胜任如前？"曰："皆系官夫，向来伺应往来差事，当不至于贻误。"李监从旁接语曰："人家伺候大人们不知多少，岂有不会抬轿之理？"语毕，予即退出。太后顾诸左右曰："吴永他是汉人，却甚知道礼数。"李监又掺言曰："人家做官多少年，难道此区区礼数都不懂得，还配办事么？"

既而传呼起銮，太后乘予所备之轿，皇上即乘延庆州轿。予在门外报名跪送毕，即上马由间道飞驰回县。途经村落数处，不见一人。道旁民舍，皆为溃兵游匪毁坏，门窗户壁，几无一家完整。甚有被宰鸡豕尚未烹食者，纵横地上，为鸦犬争食，荒凉惨淡，目不忍睹，但已无法顾注。迄到县城，则东门果已洞开，盖守城拳匪，先已闻讯逃匿。两旁居民店肆，悉闭户垫伏不敢出。予念此象不妥，即传谕各家居民，一律启户，于门外摆设香案，有灯彩者悬之，无则用红纸张贴，谓驾到时尽可于门外跪看，但勿哗动。于是始争与收拾布置。予先至行宫查看，陈设亦颇楚楚。未几，即有前站内监乘马先至。予引视各住房，一一周阅，似已甚满意，谓予曰："咱们今日已算是到地头了。""到地头"云云，犹言到了家也。

少时，銮驾已至，予复如式跪迎。两宫先后降舆入内，旋即叫起入见。太后颇以温语相慰劳，谓："很难为你办理。"予退出后，即驰回本署，督促供应。随扈官兵，皆陆续到县，斗大山城，在坑在谷，一时填塞俱满。据办事人报告，始知此次随驾同行者，除前单所列外，尚有博公、定公、工部侍郎溥兴[5]及各部司员数人。予所通姓字者，提督马玉昆[6]、学士王垿、军机章京鲍心增字润漪、来秀字乐三、文徵字子成，及涂元甫农部国盛、袁季九驾部玉锡，其他皆不相识。扈从兵士，为神机、虎神两营，其余尚有武卫军，顾皆零落散漫无统纪，整蘉而行，馁惫不支，惟肆强掠。道遇车马，即摔其人于路旁，牵其车马以去，虽京外官吏，亦鲜有幸免者。以此，凡沿官道各村庄，居人皆逃徙一空。兵卒搜括财物，鸡犬不留，主将虽三令五申，迄无法可以禁止。旋奉谕：除神机、虎神两营外，所有各军，悉归马玉昆统率。号令归一，比较当稍有秩序矣。

予匆匆到署，即启箧检衣服，惟得先生母柯太夫人呢夹袄一件，尚觉完整，即以此件预备进奉太后。又检得缺襟大袖江绸马褂、蓝绉夹衫长袍各一件，拟进奉皇上。惟两格格衣服，无相称者。继思旗籍妇女可通用男子衣，乃以予自用绸绉线夹春纱长衫数件，拉杂凑置，并为一包，当即驰赴宫内呈送。予姊逝世，姊夫缪石逸新续娶，有镜奁一具，予取以进奉，梳篦脂粉悉具，于是太后始得栉沐妆饰。少间复传起入见，则太后及皇上，均已将予所进衣服更换，威仪稍整。两格格亦穿予长衫，伫立门外闲看，不复如前狼狈矣。

予旋向各处馆舍巡视一周，就便向〔问〕各官起居，颇尚周帖。惟沿途所见兵士，不免纷扰。复回宫门，晚间入见，陈明兵士不戢状。太后亦颦蹙，言："此辈甚可恨。予于途中已饬马玉昆严办，正法至百数十人，均令枭首居庸关，乃尚不能禁止。但今可授尔旨，见有抢掠兵士，不问属于何军，准即就地正法可也。"予是夜往来照料，蹀躞无停趾，直至四鼓，始还署假寐。

次日拂晓，即整衣出署，甫至街口，瞥见一群兵士，方劫掠一典肆。肆夥跪诉道左，乞为作主。予随从有马勇六人，立喝令拿办，谓：“圣驾在此，尔等乃敢白日行劫！予已奉太后旨意，得就地处置。”当场拿获六人，悉有赃物，因立命斩决。典肆近西门，肆前有“腾蛟起凤”牌坊，即将首级枭示坊柱。见者栗然，自此稍为安戢。

连日据乡民报告，各方溃兵，到处掳掠牲畜骡马，日至十数起。北地农民，全以骡马耕作，如被掳掠，则来春怀来人民皆无法耕种，遗患非细。但非有兵力，不能禁止，且在此百忙之中，又何法可以兼顾？旁皇搔首，殊焦急不得策。继思马玉昆现统禁兵，只有与彼商之，因急驰往马处，告之以故，请为怀民造福。马曰：“事固应办。但怀境如此辽阔，安能处处派兵守护？”予曰：“否。彼等抢掠牲口，皆须携往他处贩卖。本县之七里桥，实为其出境总路，军门但于此处派兵驻扎，见无鞍辔骡马，便是从乡间掳掠而来，可以严加盘诘。如讯问得实，即予截留，并将游兵严办数人，此风即可遏止。”马曰：“如此甚易。”当即调兵一哨，驻扎七里桥。一二日间，盘获骡马至八十余匹，就地正法十数人，抢风顿息。马当选去好马四匹，余悉送至县署，曰：“此君治下物，依法当统归地方存案。吾特向君乞此，聊作惠赠，何如？”予曰：“如此，怀民受赐已至厚，此区区者，又何足言？”马欣然感谢不止。

是日，复至宫门外请安叫起，因奏明此事，太后甚为嘉许。奉谕："予与皇帝驻跸在此，城内外不许有枪声。下令后如再有人放枪，可即擒拿处斩。我尚拟再住一日，一切供支，汝可量力为之。汝亦须少为将息，毋过劳苦。"云云。体恤如此，予不觉为之感泣。予昨在榆林驿，晤甘肃藩司岑春暄〔煊〕[7] 亦以随扈来此。接谈之下，见其激昂慷慨，忠勇奋发，心颇非常引契。盖岑本在甘藩任内，闻联军入都，自请带兵勤王。甘督陶公模[8] 知其人躁妄喜事，意不谓然，而以其名义正大，不便阻遏。因拨步兵三营，每营约四百余人，骑兵三旗，每旗二百余人，合计不过二千余人，并给以饷银五万两。岑因先行就道，自草地经张家口驰骑入都。前过怀来，予曾谒见共谈，为之供应夫马。陛见时，太后问："带兵若干？"以如数对。太后觉事近儿戏，意殊不怿，问："兵在何处？"曰："尚在途中。"因有诏令其办理察哈尔防堵事宜，着折回张家口迎候来兵，即于该处驻扎，备俄人侵入，盖聊以借此安顿也。岑因逗留京中，逾数日而两宫出狩，乃即随后追赶，至延庆始遇骑兵，遂率以扈驾，因而至此。予当日谒见刚、赵两军机，方于坑上对坐，偶言及岑事，两公对之均不满。赵且作鄙夷语曰："嘻，连彼亦需尔供应耶？尔此山僻小县，焉得有如许闲饭，供此不急之人？"予谓："彼以扈驾来此，当然不能不一律招待。"曰：

"彼奉旨防堵张家口，何得擅行至此？彼乃敢违奉上旨，何须置理。"予是时意殊为岑不平，但亦不便顶驳，随即告退。赵尚书复呼予婉告曰："我尚与尔商量一事。今当发廷寄，但军机大臣印信尚未携带，拟借尔县印一用，何如？"予未及对，刚中堂忽掺言曰："此事我颇不以为然。向来借印，须平行衙门，乃合体制。县印似太不称。"赵艴然曰："老头，此何等时势，有县印可借已是万幸，尚欲讲体制耶？尔且须知在此道路中，任何部院关防印信，恐都不及怀来县印之有价值。若必欲平行印，则庄亲王现带有步军统领印信，可以借用。但八百里加紧文书，恐邮卒视为不足轻重，转致迟误。"即顾予曰："渔川，尔弗听老头言，尽管办去。"予曰："文书封面，均有印成字样，恐不合用。只有白纸禀封，如何？"曰："可。"予即回署，取禀封十枚印就，亲自送交。赵公已将寄山、陕两省巡抚廷寄办好，立即封固，令鲍章京填写官衔年月，交予发递。予即返署遴选良马，派精壮驿夫，飞马驰递。旋有神机营官长苏鲁岱来署会晤，言："兵丁饿不得食，务求筹款散放以济眉急。此系奉端王谕，务请阁下设法，切毋延逶。"予不名一钱，亟请城绅郭应斗等数人聚议，仍向各粮店凑借。苏君坐客次守候良久，郭绅等还，言已挪借纹银千两。将银交苏君，分发神机、虎神两营各五百两。

正欲出署，忽报王中堂到。予出至大堂，见有单套骡车一辆，甫在堂上停歇。就近询问，知为大军机王公文韶与其公子稚夔京卿同坐而来，因当时不及随驾，今日始行赶上。予即趋前迎候，谓"中堂公馆，业已预备"。曰："予困疲已甚。即拟借尔署中安息，不愿他往矣。"予曰："署中恐太逼仄，奈何？"曰："不拘何地，但有房一间，一几一榻足矣。"予不得已，即腾出签押房对面南房三间，请其迁入。复亲过房中，照看一周。王公饥甚，急索食。署中厨夫俱四出供役，予嫂自入厨房炊饭，煎鸡卵数枚及泡菜等二三味，草草供馈。盛饭一竹篮，盖食器亦罄矣。王公父子，食之至甘。食竟，即就榻安息。知予将往宫门，语予曰："烦尔代我陈奏，谓予已到此，今日过疲顿，已不克赴宫门请起，当以明早趋直也。"予已出门外，复呼告之曰："尚有一语，烦尔奏明，谓军机大臣印信，业已携带在此，至要至要。"予曰："然则甚佳。今日刚、赵两军机正为此事抬杠也。"予遂亟往见刚、赵两公，告以王中堂已至县署安息，二公均甚喜慰。

两日以来，此荒城僻县中，千乘万骑，贵要云集，奔走伺应，几无一刻宁息。宫门传呼叫起，日必三数次，真可谓疲于奔命。而随扈军士、宫监数千百人，日需供给，数尤不赀。自沿城十里以内，蔬菜牲畜粮食草秣，悉索已尽，顾尚不闻有启跸期限，私心焦急，殆不可名状。盖两宫在此，犹有徘徊观望之意，冀就近可得都中消息，或交涉得当，尚可中道折回也。

至第三日，则供应食物已渐形支绌。前两日乡民进城蔬菜，以至日用百物，大筐小筥，相属不绝，屯集街市如山积。至本日则骤觉稀少，觅乡担已不可得，城中居民盖藏亦多半出供官需。因予自始即定以平价和买，丝毫不加科派，故民间均愿极力相助，集成吾事。彼亦幸藉此以消通滞鬻，因之踊跃输送，绝无居奇隐匿之弊，数日中赖以不匮。然再驻数日，则不免情见势绌矣。有艾监生者，回回教人，在西关开旅店，平素好干涉讼事，予传案戒责而斥革之。是日，予照料差事，行过彼店，见其短衣磅礴，方俯身自铡马草。予呼之曰："艾君，不怀旧怨耶？"艾仰首见予，即肃然致敬曰："父台责我，公事也；然居官廉正，我岂能以私害公？今大驾猝临，役夫奔走不暇。我亦大清子民、部下百姓，分当竭奉上之力，区区效此微劳，何足介意？"予闻之，颇加奖敬。以此见关外民风淳朴，犹存古意也。是日见刚中堂，颇蹙额代为担虑，曰："如此小县，安能任万乘供应？一驻再驻，尚不言启行，独不为东道留余地耶？"至午后，始闻定以次日启跸，予心为之稍纾。然念如许王公贵监，来时草草，到此后均须加饬行事，此一番支应，定非小可。但无可如何，只得急急八面张罗，尽力筹备一切，以能勉强对付，恭送出境为毕事。大驾一刻在境，仔肩未卸，终不免为之惴惴也。

下午，复叫起入宫。太后询行驾部署，予一一奏答，为之额首者再。既而诸王公、贝子，纷纷向予索马。县中旧有驿马，已多数被掠。幸前日于七里桥盘获骡马数十匹，尚可抵应，竟为索借几尽。从驾亲贵数十人，舆者、马者、夫役者，扰扰竟夕，幸得敷衍完事，可喜也。日来劳顿已甚，嗓音顿哑，两骹肿胀，足几不得举。怀城街道，向以大鹅卵石填砌，油滑荦确，碍步殊甚。两日中碌碌奔走，视靴头已洞穿两孔，几见趾踵，苦况略可知矣。

傍晚间，忽自宫内传旨，由军机处交到字条一纸，上开："本日奉上谕，吴永着办理前路粮台。"大恩所压，错愕几不知所出。一身之事，捐糜顶踵，且不暇计。顾念此全城生灵。若大驾启行，予亦同时随往，地方善后，无人负责，溃兵游匪，势必同时麇集；且虑拳匪聚众报复，蹂躏将无完土，予何以对此怀民？因亟赴宫门，拟见李莲英，请其代为陈奏，值其已睡，不果。又往见肃邸及伦贝子，求为设法辞卸。肃邸颇疑予别有用意，一似不愿为国效力者，言语之间，颇有皮里阳秋。予再三陈辩，彼又疑予系恋官缺，乃作奚落声曰："嘻嘻。毕竟是州县大老爷，滋味固如此浓挚哉！然此出自上旨，在我又安能为？"坚辞不管。予不得已，复请见端邸，陈达理由。端邸曰："我尚思保奏汝，何为反自推诿退避耶？"语次，似甚诧异者。乃又求之王中堂，中堂亦谓"既有明旨，只可遵奉"。予复力陈地方为难情形，反复再三，至于涕泣。中堂始微哂曰："渔川，尔真为此耶？只此固甚易处置，但往商之马玉昆，请彼留一营在此镇摄，即无事矣。"盖诸公俱疑予意图规避，而特藉地方为饰词，似天下决无真为百姓计较之官者。予当时官场之阅历太浅，以为为地方利害起见，情切理正，定当易邀垂恤，而不知反以此见疑也。予无可如何，只得就马公商之。马已就枕，予即立床次与语，马因披衣起坐。予反复祈恳，请救此一城生灵，并言："伙食供给，均可就地方筹办。"马竟慨然允诺，曰："聂军门残部，现均归我统率，原有马队三十营，现当尚有十七八营。虽皆零落不足额，约计一营尚有百数十人，防守怀来已足矣。"即传呼中军官，立召旗牌，由枕上授以令箭，命星夜飞调某营来怀。予并与约，明日俟圣驾启銮后，再行入城。幸接洽就绪，予始放心回署。草草办装，神魄散乱，殊恍惚不知措手。念署中幸无多眷属，孤身独客，行止初无大牵率；惟尚有嫂侄及亲戚幕客数人与京官旧友之避地于此者，不能不稍谋安顿。因于市肆借得百金，酌量分赒，并各为商定行止。时予尚未有儿女，署中止从子宗熙一人。有执帖家丁刘福，尚忠实可倚，予因向之长跪，含泪相托曰："予兄弟数人，止共此一丝血脉，宗祐所寄，今以累尔矣。予此去孤身远役，前途祸福不可测。尔幸念数年推解之谊，照看吾侄，必毋使失所，异日幸平安复相见，当不相负。"刘亦跪泣曰："老爷尽忠保主，前程远大，但安心首途。小人尽绵力所及，虽至行乞，誓奉伺侄少爷，决不相离弃。"予遂与嫂氏痛哭诀别，同时并委典史暂摄县事，略与诸同寅绅士商洽城守事项，告以向马军请兵保护情形，诸绅皆大欣感。诸事既毕，予即以次日早晨，挈同姊丈缪石逸随扈就道。凡圣驾驻怀共三日，此为七月二十四日也。

二十五日，黎明启跸。予跪送后，即乘马先行。另雇一双套骡车，稍载行李，在后相随。甫出西关城外，马军门所派留怀防守之马队营长即于此处伺候，向予致敬行礼。予告以与城绅商妥供应各事，慰托数语，匆匆道别。数里外适及马军门，乃连骑同行，因就马上互谈。又行数里，忽见岔道上有兵士一人，跃马前来，手上更牵骡马五六匹，将至近处，似逡巡不即前。予详细审视，因指谓军门曰："彼与所乘马，均无鞍鞯，而满身泥滓，是皆农家物，来者殆非正道。"军门即令截留诘讯，果支吾不能对，因饬卫兵驱之前行。军门手持一拂尘，即扬之当鞭，跃马疾驰，转过山麓，晌已不见。予随后趱行，不久至一小村集，见军门所乘马系于路侧，因亦下马入村。军门方跨坐沿街门外，见予至起立，以拂上指曰："已遵示办理，可销差矣。"予随所指视之，则赫然一簇新头颅，枭示竿上，鲜血犹滴沥不已。俯视道左，则无头尸委地上，审其年貌，大约不过二十许，身穿军衣，而符号已扯去，不知属何队伍；右臂上尚环有啤珠一串，想亦偶从他处掠得，决非专心念佛之人。予念此铮铮壮年男子，竟死于予一言之下，未免嗒然自悔。但又念彼掠得如许牲口，行劫必非一次，被害之家，不知凡几。如不置于法，不知尚须遗害若干人，且难保无奸淫焚杀之事。使先后片刻，即可逍遥自在；乃无端巧遇，遂罹于法，就中若有神鬼驱使之者。天网恢恢，疏而不漏，偶然假手于我，殆非我所能自主也。

又行十余里，至土木驿，离怀来县城已三十里。此处本有驿马，悉为溃兵劫掠。居民均窜山谷中，堡内人烟断绝，惟备茶尖。宣化镇何乘鳌带马队，来此接驾，与之相晤。又二十里至沙城，驻跸。此地有巡检司，尚属怀境。予先已派人在此置备，以佛寺为行宫，俗呼东大寺，颇宏敞，勉强足安顿。予以在县中连日承应，劳顿已极，伺两宫已入行幄，部署粗定，觅得一荒寺，于阶卜独坐小憩。忽有各王公府箭手及诸色太监勒索车辆马匹。京官亦有陆续赶到者，皆纷索供应。正扰扰间，又有武卫左军多人，直前围逼，问予索粮饷犒料，曰："尔系粮台，分当供给军需，岂能任意推诿！"众口喧呶，举枪扬刃，其势甚汹汹。予愤不可遏，乃挺身告之曰："尔辈皆食国家厚饷，今外兵一至，乃无一人抵御，致令圣驾蒙尘，颠沛至此，尚忍作此态耶？予受命未一日，又新从奔走至此，百凡未及布置，将从何处得饷？今予惟有孑然一身，脔割咀嚼，一听尔等所欲，饷银则分文无有。"郁气坌涌，因不觉据地闭目，放声痛哭。良久启视，则彼 **9** 竟已不知何时相率引去，不留一人矣。

是役幸得以一哭解围，然予念身无一文之饷，手无一旅之兵，来日方长，何堪受此缠扰？私计岑春萱〔煊〕现携有饷银五万，略可任暂时支应，且彼带有步骑兵队，弹压亦较得力。观其人似任侠有义气，不如以督办让之，而吾为之会办，相与协力从事，于公于私，均有裨益。然此情将以何法上达，得邀俞允？遂往见庄亲王，告之以故，请其挈予面奏。顾哓聒许久，彼竟茫然不省，曰："我记不起许多，这外官规矩乃如此麻烦。我带尔同往，尔自陈奏可也。"即携予同入。至东大寺行宫，由内监通报。须臾，李监自角门出，低声问曰："此时尚须请起耶？"庄邸曰："他有事面奏。"曰："然则我为尔通报。"须臾叫起，太后立于佛殿正廊，皇上立于偏左。庄邸即前奏曰："吴永有事陈奏。"即回顾曰："你说。"予奏曰："蒙恩派臣为行在前路粮台，本应竭犬马之劳。惟臣官仅知县，向各省藩司行文催饷，于体制诸多不便。即发放官军粮饷，布发文告，亦多为难之处。现有甘肃藩司岑春萱〔煊〕，率领马步旗营，随驾北行。该藩司官职较崇，向各省行文催饷，系属平行。可否仰恳明降谕旨，派岑春萱〔煊〕督办粮台，臣请改作会办。所有行宫一切事务，臣即可专力伺候，不致有误要差。"时太后方吸水烟，沉思良久，曰："尔这主意狠〔很〕好，明晨即下旨意。"当谕庄邸先退，太后复谕曰："此次差事，真难为你，办得狠〔很〕好。汝甚忠心，不日即有恩典。我于外间情形，知之甚悉，皇帝性情亦好，差事如此为难，断不致有所挑剔，汝可放心，无须忧急。"予免冠叩首，不禁感激流涕。又谕曰："尔之厨子周福，狠〔很〕会烹调，方才所食扯面条甚佳，炒肉丝亦甚得味。我意欲携之随行，不知汝愿意否？"予对曰："厨夫贱役，蒙恩提拔，不惟该厨役得有造化，即臣亦倍增光宠。"太后甚悦。有顷退出。傍晚至宫门，有内监告予，谓周厨已赏六品顶戴，供职御膳房矣。然当晚间予即无从觅食，乃至巡检署觅吴少尹，为备餐馔，勉强得一饱。

二十六日，在沙城。晨起，召见军机，即降旨：派岑春萱〔煊〕督办前路粮台，吴永、俞启元均着会办前路粮台。予方喜可以分卸重责，讵以此事大为军机所不惬。是日，驻踔宣化所属之鸡鸣驿。王中堂呼予往见，即诟曰："尔保岑三为督办，亦须向我等商量，乃径自陈奏耶？此人苗性尚未退净，如何能干此正事？将来不知闹出几多笑话，尔自受累。尔引鬼入宅，以后任何纠结，万勿向我央告，我决不过问。"予闻语愕然。噫，少年卤[10]莽，轻信寡虑，至以此开罪于军机，不意以后沿途轗轲[11]及一生蹭蹬，乃均坐此一事。此亦命宫磨蝎，数有前定，本无所用其追悔。然掘坎自埋，由今回忆，可恨尤可笑也。

俞字梦丹，为湘抚俞廉三之子。俞中丞乃刚中堂之门生，梦丹与刚子狎近，每日上道，均随刚之左右。刚因乘间为之奏请赏一差事，遂亦派为会办。于是随扈粮台，乃有一督办、二会办矣。方在沙城将启銮时，天甫向明，在行宫门前，岑一见予即相诟怨曰："谢尔厚意，乃以此破沙锅向我头上套，令我无辜受累。"其实彼固十分欣愿，求之而不得者。只以出于我所保奏，似乎贬损身分，且恐向之市恩，故佯为不悦以示意。以后乃节节与我为难，不德而怨报之，洵始料所不及也。是日，口北道钟小舫观察、宣化县陈立斋大令，均来此迎驾。

二十七日，辰刻启銮，三十里至响水驿茶尖。又行三十里至宣化府驻跸。是日，奉旨：直隶怀来县知县吴永，着以知府留于原省候补，先换顶戴。

二十八日，仍驻宣化。奉旨：在任候补知府直隶宣化县知县陈本，着以道府交军机处存记。盖刚中堂所保奏也。

二十九日，仍驻宣化。予具折谢恩，蒙召见。皇太后谕曰："汝忠心且有才干，将来定当大用，望好为国家效力。"予叩头谢。复谕："尔以后如有所见，或有重大事宜，准尔专折具奏。"言次并为述及义和团乱事始末暨出宫情形，挥泪不止。予亦不觉怆然涕下也。

三十日，仍驻宣化。予上折条陈十事：一，请下罪己诏；二，请派王大臣**¹²**留京，办理善后事宜；三，随扈京官，请酌给津贴；四，请刊行在朝报，俾天下知乘舆所在；五，随扈各军，请饬编补足额，恪定军纪；六，各省义和团余众，请饬疆臣酌量分别剿办解散；七，请饬各督抚宣谕逃匿教民，各归乡里；八，请饬各省将应解京饷核定成数，分别解送行在户部，以济要需；九，请饬京外大臣遴保通达时务人才，破格任用。并注意出洋留学生，量才登进，俾得循途自效，免致自投他国，有楚材晋用之诮；十，圣驾经过，沿途十里以内，请豁免本年丁粮。奉谕：交军机大臣商酌采用，请旨施行。

八月初一日，启跸。予以滞下，请假二天，即往宣化署中。时庆邸尚留怀来俟进止，其余王公大臣，皆扈从西行矣。

初三日，予尚住宣化，庆邸亦自怀来至宣，予往谒之。适澜公自行在奉旨，传命庆邸回京，与各国议和，遂折回都中。初四日，予自宣启行，至怀安县境住宿。初五日，抵怀安县。初六日，抵天镇县，自此已入山西大同境。初七日，至阳高县。初八日，至聚乐堡。沿途情状，甚为荒凉，受兵士蹂躏尤甚。马金叙[13]之兵最无纪律，到处掠诈。居民徙避一空，至不得宿食处，往往于道旁空舍，自谋炊饭。

初九日，抵大同，始及车驾。当诣宫门销假，自此仍随扈同行。途中闻洋兵入都后，不久即陷保定。廷雍时兼护北洋大臣，为洋人拿获，凌辱备至，旋即斩首枭示。封疆大吏，外人竟任意戕杀，殊可愤懑。然一追数廷雍罪恶，实可谓死有余辜，国法不能治而假手外人，转足令人意快。廷杰〔雍〕去位时，彼唆弄拳匪，极意挫折，曾不数月而身受惨戮，更甚于廷杰。天道好还，倍称为报，在彼殊无足深惜，特国家体面，为之扫地，滋可恨耳。拳祸初作时，桐城吴挚甫先生[14]方主讲保定莲池书院，颇为彼所敬礼。先生曾一再作书，为之痛陈利害，晓以大势，谓"乱民邪匪，不可姑纵；教士教民，不可轻杀，衅端一启，必致贻祸国家"。反复累数千言，词甚剀切。廷雍非但不听，而且以此致憾于先生，欲设计中伤之。幸以先生之道德清望，不能为害，然其毒亦已甚矣。

十一日，宿代岳镇。十三〈日〉，过雁门关。十四〈日〉，至崞县，宿原平镇。是日，于途中过一小村落，予偶下车散步，见道左一马甲，倚枪而立。见予渐行至近，忽向予肃立致敬，曰："吴大老爷你好！尚认识我否？"予视之茫然不能答。徐又曰："上年为某寺产业一案，我曾到过台下，多承大老爷恩典，今不省记耶？"予仔细回想，果有此一案。先是怀来乡间，有一古寺，寺产甚饶沃。住持某僧，素无戒行，多淫纵不法，然颇交通声气，结纳县胥豪猾。以此历任均与通款曲，乃益骄奢无忌，倚势横乡里，乡人恨之刺骨而莫可谁何。予到县后，亦屡次夤缘入谒。予以僧人无故投谒，必非守分之徒，因摈斥不理。被害乡民，闻此消息，乃先后列状呈控。予详细访查，尽得其实。念该僧如此不法，而至于无人敢发，实以财多势集之故。僧人分在清修，何须厚产。会该乡创办学校而绌于款项，乃判将该寺产业二分之一拨充学校管理生息，充作基本，当经通详各宪批准定案。乃该僧意犹不服，潜遣人赴京运动。突有大起舆马，自都来怀，气象烜赫，先投西关客店住宿。为首一人，自称奉王府使命，来此勾当公事，清查某寺庄产。当时有人来报，予即疑为赝鼎，饬役侦查回报，谓看其起居仪从，确是贵人气概，似不类作伪者。予曰："姑听之。留心伺察可也。"次日，居然以"愚弟"帖来署投谒。予出接见，则被三品冠服，随从七八辈，皆行装冠带，异常整肃，俨然贵倨，昂然直入，一揖就坐。予未及询来意，彼即敛容作态曰："贵县办事，殊未免过于糊涂草率，如何擅将王府庄产任意改拨？王爷非常震怒，特命兄弟前来查办此事。请问贵县究竟据何理由，乃如此冒昧？"予曰："敝县并无改拨王府庄田之事，老兄此言何来？"曰："某寺田产，实系王府庄产，委托该寺代管者。现闻已拨充某校，何得谓无此事？"予曰："王府庄产，粮税虽不由本县经征，然本县皆另有挡〔档〕册，与民产划然不相牵浑¹⁵。此次所拨某寺产业，均经逐一查明，鳞册契据，丝毫不能有误。且王府庄田亦从无托人代管之办法，老兄恐未免有所误会，或听该寺和尚一面之词，受其哀求恳托，因而为之出面干涉。既老兄远道来此，如不碍法律之事，未尝不可通融办理；但此案业已通详确定，不能挽回。尚请老兄原谅，不必过问为是。"彼乃向予张目曰："擅拨王府庄产，如此抵搪数语，难道就算了结，有这样便宜事体耶？兄弟特为查究此事而来，教回去如何销差复命？"予曰："老兄既奉王府使命，究竟是何王府所派？持有何种凭证？不妨请出研究。"彼愈哮怒曰："我是礼王府所派，难道王府还图赖他人不成？我是王府之人，亲身来此，这还算不得凭证，更要何种凭证耶？"予察其词遁，来意已得八九；然详察其人，似尚有相当身分，殊不欲与之破面，但以婉语劝其勿妄干涉。彼以予为有所畏慑，乃益作种种大言以相恫吓，予悉置不理。彼即怫怒起立，昂然竟去，曰："我看你这事办不了，将来莫要后悔！"予但笑而不应。随后即派役前往该客店，监视行动，并通知该店，谓茶饭可以供给，但有意外需求，弗任意应之，恐将来枉受赔累也。次日，据报：该住店人等，已悉数预备他去。予曰："听之。彼如借此收帆，亦省一事。"乃数日后，又闻全班回店，云系从某寺清查庄产而回。次日，复来署拜会，一见即盛气相向曰："我已都查问明白。老兄对于此事，毕竟有无办法？"予曰："我言已尽于先，究竟尊意何在？"曰："别无他说，只将各产归还王府，待我回过王爷，也或可将就罢结。"予曰："此事断不能办。我已通详各宪，无论但凭阁下空言，即使实在错误，亦须禀请各大宪主持，不能随便拨还。"曰："这有王府作主，难道院司还敢干涉？你但认得抚台¹⁶、藩台，竟不认得王府么？"予曰："当然。本县受督抚层宪管属，当然惟院司之命是听。即王府有甚交涉，也须行文总督，以次行司下府，层递到县。王府虽尊贵，却不能直接向本县指挥命令。"彼哼怒乃不可遏，曰："该寺受王府委托，现有和尚在此，可以作证。"予曰："和尚何在？"曰："同来在大堂外。"予曰："然则甚佳。"当即传呼县役，曰："现在大堂外有某寺和尚一名，速为我锁拿听讯。"彼益拍案顿足曰："此是我王府之人，岂能由你拿办？"予曰："本县只认得他是和尚，认不得是王府，此地亦非尔咆哮之所。"彼乃直起向外，一路怒詈而去。予随后立出朱票，着将该店所住人等，一起押传来署，听候发落。俄而，二十余人悉数到署。予于大堂正中供设万岁牌，西向设公座，先传为首者问话。彼到堂上，初尚倔强，予叱之跪，彼曰："我是太祖高皇帝的子孙，何得向尔作跪？"予曰："我不要你跪。这法堂便是太祖高皇帝的法堂，你向上看，你便向太祖高皇帝作跪。你既称宗室，难道不知朝廷法令耶？"彼见予词色严重，意气骤敛，向予请安小语曰："请县台稍留世职面子。"予曰："这法堂之上，说不到'面子'二字，跪下！"彼无法，只得下跪。予曰："本县今日须先审问尔之来历。你如果是宗室，你知道宗室私自出京，是何等罪名？依法便须交宗人府讯问，至少亦须革职，永远监禁高墙。况尔尚有包揽词讼、讹诈官府一段情节，罪状尤为重大。若实在不是宗室，则你是假冒宗室职官，朋通讹诈，本县便依处治游棍法律惩办。你今两罪必居其一，如好好从实供招，或者尚有通融余地。若再支吾捏饰，本县立刻将尔收禁，通详请示，依法办理。"彼乃叩头认罪，一一吐实。原来确系一黄带四品宗室，袭封辅国将军，其三品顶戴，则假冒也。其余诸人，有车夫，有工匠，有衙役，原来临时乌合，各色都有。受和尚勾结运动，止得过银二百两，余约寺产归还，再行酬谢。予既讯明底蕴，遂即当堂发落，和尚判徒刑二年；择出头刁狡者，笞责数人；为首者当堂取保，余均从宽省释，一律驱逐出境。其假冒宗室一节，姑置不究，亦未将其真名现职存案申报，其人再四叩头感谢。一时观者，莫不额手称快。此马甲殆是当时省释之一人，姓名状貌，实已丝毫不能记忆，彼既云云，姑笑额之而已。彼逡巡复曰："我当时实在也是马甲，如讯究出来，私自出京，罪亦不了。我见势头不好，只得自承苦力被雇。幸您老不加究责，总算造化。此案甚是处分得当，令人佩服。我当时年轻无识，被人哄诱，谓可出外发财，故而冒昧就跟他们一起厮混，后来仔细思量，非常抱悔。您老真是清官，此次故而被老佛爷看重，将来一定可以官居极品的。"予强勉敷衍数语，即离之而去。途中自思，人生何处不相逢。幸当时未尝粗心任性，与彼结怨。不然，此时仇人相遇，他认得我，我不认得他，山弯林角，出其不意，突以一丸相饷，枉遭非命，直是无处申理。然彼时高坐堂皇，谁复能料有今日之事？反复思量，转不觉为之惴惴也。

十五日，至忻州。行宫在贡院，陈设富丽，为诸州冠。予与梦丹恭进鲜果六色，天颜甚喜，旋奉颁月饼、苹婆果二盘。是夜月色甚佳，即陈御赐果饼于庭中，与石逸诸人拜月分唉。

十六日，至阳曲县。太原府许君涵度、阳曲令白君昶，均在此接驾。途次得怀来绅士来信，谓予随驾去任后，马军门所拨马队，当即入城防守，地方尚为安静。不久即有洋兵前来，旋留兵一小队，于东门外东山顶庙中住扎，全数只十五人，于地方亦无骚扰。逾月以后，马军忽欲拨队前行，谓留此无谓，务须前往护驾。再四挽留，坚执不允，只得听其自去。计月来地方供给项下，已费至二千八百余吊。马军去后，拳匪头目王道昌，忽挈领匪党一百余人，各执兵仗，声言来县报复。进城后首即驰往县署，以为老父台尚在此间，务欲一见。此时新任田公适不在署，告以易任，亦不见信。后见尊管龚某尚在署中，益以为疑，百计勒逼，务令供出主人所在。此时，驻东门外洋军自山顶以远镜窥测望见，当即整队入城，径行奔赴县署。拳匪闻洋兵一至，顷刻遁逃星散。当场拿获六人，立予枪毙，匪首王道昌亦在其列。自此地方差得安堵云云。盖予眷属离署时，曾将笨重衣箱物件，封置一室，留家人龚铎在署看守，故为拳匪所识也。王道昌即予在任时所革牙纪，前时西关坛中头目四人之一。彼尚衔毒未已，务求释憾于予，而卒以自投罗网，亦其稔恶之报。怀来除一毒螫，闻之至引为快。但果专为仇予而来，则是以予故惊累怀人，又不免重自歉矣。厥后龚仆仍投至予所，已失去一耳。据言，当时匪识家人为老爷旧人，置刀于颈，勒令供出老爷所在。再三实告，皆不见信，最后乃举刃削去一耳。谓如再不说，则耳目口鼻，须当一一剐割。家人一时愤极，决计与之迸〔拼〕命，乃紧抱之而啮其耳，同仆于地。正相与纠结间，而洋兵已来，彼仓卒已不及脱，遂为洋兵拿获枪毙云云。此亦一段趣闻也。

八月十七日，车驾至太原。巡抚毓贤方统兵驻固镇，自藩司以下，文武官吏皆于省城外数里地齐集迎驾。是日，遂入山西省城。以抚署为行宫，堂皇壮丽，略有宫廷气象。其最可异者，凡需用帘帷茵褥及一切陈设器件，均系嘉庆年间巡幸五台所制办，备行宫御用。后来御驾未至，遂存贮不用，向储太原藩库。历任藩司，均不敢启视，但于门上更加封条一道，前后重叠，殆已至数十层。因历时过久，究不知库内有无缺失。如一经启视，则倘有毁失，对前任已无法根究，对后任便须负责盘查交代，以此相沿不问。此次以仓猝驾到，无法预备，不得已始行发钥，乃皆灿烂如新制，且丝毫无所毁损，遂赖之以集事，一若百年以前，即预为今日之地者，此真所谓数有前定者耶？

岑自得督办名义后，沿途即大肆威福，对于地方供应官吏，往往非法凌辱，恣睢暴戾，气焰至熏灼不可近。天镇令闻驾至宣化，当即恭备一切。后以在宣化连驻跸三日，食品皆臭腐，临时赶办不及。岑乃大加逼责，令无奈，至仰药以殉。及至山阴，情节略同，岑复严责县令，谓：看尔有几个脑袋。山阴令惶急失措，见予即跪泣求救。予婉词慰藉之，并为之向内监疏通，因劝岑稍从宽假，勿再演天镇惨剧。岑乃大恚怒，谓予久任地方，所以袒护州县，因此辄至相龃龉。然宫门差务，实均由予一人祗应。彼虽到处叫呼肆扰，而实际则绝不肯分劳。俞则更丝毫不问，每日但向予诋毁岑氏，凡岑之一言一动，皆向予报告，极口肆詈。予当时阅世过浅，不免时有随声附和之处。讵彼于岑前诋予，亦复如是，并将予语一一转报，而益加之以添砌，反复唆弄。致予与岑恶感日深，至结不解之仇者，俞尤与有力也。

每日宫门叫起，必三五次。宫中内监，自李、崔以下多半熟习，故出入一无所阻阂。入山西境后，威仪日盛，地方承应，宫门上已不免有需索使费之事。予为一一规定股份数目，凡各项首领太监，如内奏事处、茶房、膳房、司房、大他坦 **17**，及有职掌之小内侍，约十数金至数金不等。惟总管太监分位较高，不便点缀。到处均由予一手代为开销，按份俵散，不使有一处空漏，亦不令额外取盈，至多不过一百余金，少或八九十金。因之各地办差人员，颇感便利。而彼时各监初次出京，甫脱饥寒之厄，倖门未开，欲望犹稚，亦尚能安受约束，不至十分难驭也。

太后喜闻外事，每召见陈奏公事毕，辄温言霁色，令随意说话。予每为陈述地方利弊、民间疾苦。每问一事，必根端竟委，娓娓忘倦，往往至一二钟之久，方始告退。讵以此故，又大触枢臣之忌。

一日，在西安行宫，李监忽附耳告曰：尔已闹大乱子矣！予惊问何事，曰：尔昨日于老佛爷前，曾作何语？今日诸军机入见，均大碰钉子。老佛爷厉声诘责，谓外间种种情形，尔等平时何无一语奏闻，直是朦蔽我母子耳目？诸军机相顾失色，咸不知所对，只有相率免冠碰头。我想必因尔语及何事，老佛爷乃如此发怒。诸军机必且抱怨于尔，须当注意云云。予始悔一时轻率尽言，意本冀两宫稍知民隐，大臣不言小臣言之，却未顾及越分逾等之嫌也。

一日在军机房，荣、王两中堂、瞿尚书 **18** 咸在座。王中堂忽正色语予曰："渔川，我与尔系同乡，不能不向尔正告。尔今日召对，乃至二点一刻之久，致我等久候，究竟所说何词？以后在本等范围，自可简单明瞭，扼要陈奏，切勿东牵西曳，横生枝节。天泽之分，奏事有体，非儿戏也。"予唯唯而退。荣、瞿皆默然无言，然窥其容色，似皆深不惬于予，盖诸公会集，或正议论予事也。向例，两宫每日听政，均先叫外起，凡外官及各部院衙门人员，一一召见毕，军机方始入对。自次日起，即改定规制，先召军机，再叫外起。盖如此，则他人陈奏事件，可以先行探听，为次日入对之预备。如照旧例，则为时太促，无探询预备之余地。空中霹雳，恐不知云起何方也。

前清宫廷体制，外观似甚严重，乃内容并不十分祗肃。宫监对于皇上，殊不甚为意，虽称之为万岁爷，实际不啻为彼辈播弄傀儡。德宗亦萎靡无仪表，暇中每与诸监坐地作玩耍，尤好于纸上画成大头长身各式鬼形无数，仍拉杂扯碎之。有时或画成一龟，于背上填写项城姓名，粘之壁间，以小竹弓向之射击，既复取下剪碎之，令片片作蝴蝶飞。盖其蓄恨于项城至深，几以此为常课。见臣下尤不能发语，每次宴见，必与太后同坐一匹。匹多靠南窗下，太后在左，皇上在右。即向中间跪起，先相对数分钟，均不发一言。太后徐徐开口曰："皇帝，你可问话。"乃始问："外间安静否？年岁丰熟否？"凡历数百次，只此两语。即一日数见亦如之，二语以外，更不加一字。其声极轻细，几如蝇蚊，非久习殆不可闻。皇上问罢，太后乃滔滔不绝，大放厥词，尤好拈用四字两字名词，古文成语，脱口而出。然人情世故，颇甚明澈，数语后即洞悉来意，故诸大臣颇畏惮之。太后如此聪强，而德宗如此巽懦，宜其帖耳受制，不能有所舒展也；或言德宗养晦为之，则非小臣之所敢知矣。

予自受仁和 [19] 切诚〔诚〕后，虽极力留意收敛，然以太后眷注过深，出入左右，似多添一重耳目，军机、内监，均视为不便。岑尤不慊于予，务出死力排挤之。先是两宫仓猝被出都，过昌平州，知州裴敏中方抱重病，霸昌道凤昌因先期未奉有廷旨，车驾至城下，疑为假托赚门，坚闭不纳，且从城上鸣枪示威。两宫不得已，乃绕城奔驰，盖恐洋兵之踶其后也。太后因此甚愤愤。岑询知其事，乃从而媒蘖怂恿之。迨至怀来，遂有拿办裴某之严旨。岑复自请承办，发令箭派员星夜前往提拿，意欲借以邀功。予微得消息，觉裴一提到，必无生理。此事在情理本有可原，况州官确在病假之中，依官序论，分当由霸昌道负责，即作为违抗，亦不应归罪知州，无端抵辟，未免过冤。乃设法使人飞告，令其引避。迄岑派员至[20]，已先事逃匿，无所得。岑意颇懊丧，心即疑予所为，殊甚怏怏。然彼时以予为地主，方曲意相徇，尚不敢形诸词色也。

自共办粮台后，接触渐多，意见日甚。彼自以官高，与予比肩并事，似觉不屑。又以督办名义出予上，遇事专断，不复相关白，凡有陈奏，皆用单衔独上。王中堂谓体制不合，应以会衔为宜，彼执不可。王曰："否则于牍尾叙明'臣会同某某'云云，夹入名字。"彼亦不允。曰："再不然，惟有于奏后列衔，如京官九卿奏事体例。"岑始终持不可。中堂一日曾对予微笑曰："我知道岑三必与尔捣乱，今果然矣。但尔自取之，于人无尤。我早已声明，不能过问，恐以后笑话尚多也。"

先是岑自甘肃入都，系由草地经张家口、宣化、怀来而达京师。七月初过怀来，予为之预备供应。有幕客张鸣岐[21]与之偕行。张本献县人[22]，岑抵京后，张即请假赴原籍[23]省亲。及岑随驾行，张追至大同，予会岑衔派为粮台文案，分当兼受会办指挥，乃竟偏徇岑意，至一切文件，均不令予寓目。有一次方在缮写，见予入，立即藏匿。予曾向之厉责，彼口嗫面赤，不能置一语。然岑与予之积怨，乃益深矣。

一日在太原行宫门内相遇，岑又为一细事，向予诘责，词色甚厉。予不服，与之对诉。彼益哮怒不可遏，曰："予非参尔不可！"予亦厉声曰："尔有本领尽管参去，我在此听候。我亦奉旨专折，可以参尔。我无款可指，尔之罪状累累，均在予腹中，且看谁人曲直也！"岑愤甚，径以手揪予胸前衣襟，作挥拳势。予曰："此宫门，尔敢无礼耶？"彼不觉嗒然释手，立飞奔至李监处，向之泣诉曰："老叔，我受吴某侮辱，必当参奏，乞为我援助，没齿感激。"盖彼谓其父毓英与李有交谊，故称之为叔，恬不为怪。李受其诒谀，勾结愈密矣。然对于此事，李监颇极力劝阻之曰："老侄，尔与吴永皆老佛爷所眷注。尔两人自相攻击，使老佛爷难以处置，必不喜欢。咱们都是一起儿办事人，闹成过节，惹外边议论，面子亦不好看。况老佛爷很说吴永得力，恐未必参就得动他 [24]，那于老弟分儿上，更没得光彩。还是忍耐为是。"岑因怏怏中止，然视予益如眼中刺，非去之不可。

军机诸公先对岑亦颇不惬，嗣因其极力迎合，渐觉相昵近，又欲挤予外出，目的正复相同。顾以予主眷尚优，且遇事谨饬，无间可入，乃合谋定计，改用调虎离山之法。一日军机陈奏，谓各省解饷迟滞，非派员前往催促不可。然泛泛遣派，仍不易得力，最好请派随扈大员，精明干练，又能深悉此次沿途辛苦状况，为皇太后、皇上所亲信者，令前赴各省，向各督抚详细诉说，须得他们特别注意，庶望激发天良，努力输解。太后问何人可去，军机即合词奏曰："臣等再三思议，殆无过于吴永与俞启元两人。彼等皆一路随驾前来，一切情形，无不周悉；又皆受皇太后、皇上恩典，定能格外仰体圣怀，为国宣力。"太后迟疑良久，曰："吴永办宫门差使，甚是熟习，他去后何人办理？"曰："岑春煊原是同起办事之人，一样熟习，可以办理。"太后始首肯。先本拟派予赴江浙，俞赴两湖；后因父子回避，乃改派予赴两湖，俞赴江浙云。

下令后当然立须启行，乃与俞一同请训。太后召见，意似良不忍者，再三温语慰劳，谓尔两人一路办差，均甚劳苦；今尚须尔等辛苦一遭，此亦不得已之事。现在如此为难情形，尔两人均所亲历，定能向各方委曲传达，无俟多嘱。好好上紧办理，将事情办完以后，可即赶速回来，予与皇帝均甚盼望云云。予等即叩头退出。此区区一小事，彼等盖内外合力，不知费过若干之商量，摆布至此，始算完全达的，所谓拔去眼中钉，张开两眼笑也。

注释

1　曾纪泽次女曾广珣。

2　1943 年本作"菜豆"。

3　指肃亲王善耆。

4　1943 年本作"勺"。

5　溥兴（1880—1907）：清宗室。字倬云。

6　马玉昆（？—1908）：安徽蒙城人。字荆山，一作景山。1899 任浙江提督，次年调直隶。

7　岑春煊（1861—1933）：广西西林人。原名春泽，字云阶。清朝云贵总督岑毓英之子。光绪举人。历任陕西巡抚、四川和两广总督。

8　陶模（1935—1902）:浙江秀水(今嘉兴)人。字方之。同治进士。

9　1943 年本作"彼等"。

10　1943 年本作"鲁莽"。

11 1943 年本作"缪葛"。

12 1943 本作"王公大臣"。

13 马金叙:安徽蒙城人。字丽生,淮军将领。

14 吴汝纶(1840—1903):安徽桐城人。字挚甫。同治进士。曾师事曾国藩,与张裕钊、黎庶昌、薛福成并称"曾门四弟子"。为晚期桐城派中影响最大、造诣最高的学者,对经学、诗赋、训诂、考据无不精通。

15 1943 本作"牵混"。

16 1943 本作"制台"。

17 "他坦"为满语音译词,满语词读作"tatan",原意"住地、下处",渐狭化为宫廷内监的休息所和宫廷周边附属居所。清季"大他坦"大意为太后宫传递消息的"外回事处"、太后宫内监在宫内或宫苑离宫休息处等含义。

18 荣、王、瞿分别指荣禄、王文韶、瞿鸿禨。瞿鸿禨(1850—1910):湖南长沙人。字子玖、子久、子九,号止庵,晚号西岩巷人。同治进士。历仕浙江学政、礼部侍郎、工部尚书、军机大臣。

19 仁和指王文韶。

20 1943 本作"迄岑员至"。

21 张鸣岐(1875—1945):山东无棣人。字坚白,号韩斋。举人出身。1905 年代理广西布致使。1907 年任广西巡抚。1910 年代理两广总督。

22　1943 年本作"张本山东海丰人"。

23　1943 年本作"请假赴献县省亲"。

24　1943 年本作"恐未必就参得动他"。

庚子西狩丛谈卷之四上

覺园居士笔述

予承命即治装戒途，并挈幕友张震青及侄充生同行。俞君梦丹以二十四日先行。予以八月二十六日始行就道，沿途过徐沟、祁县、武乡、沁州、长子、高平各地，皆崎岖山路。九月三日至泽州，遂及梦丹。初四日与梦丹同行，遂登太行，过天井关，已入河南怀庆府之河内县境。初五日，造太行绝顶，予与梦丹同往关帝庙求签，甚吉利。自此下山，过沁河，入怀庆府，旋抵武陟县，为河北道驻所。时巡道为岑公春荣，即云阶之兄也。出东门，至木兰店，相传为木兰从军旧地。过山以后，渐有南中风景。更进由荣泽至郑州，梦丹由此向清江浦，予遂与之分道矣。

由新郑启行，更过许州、临颍、郾城、西平，于十三日抵汝宁府属之遂平县。是日，见八月二日邸抄，庄亲王载勋，怡亲王溥静，贝勒载濂、载滢，端郡王载漪，均革去爵职，交宗人府严加议处；辅国公载澜、左都御史英年，均严加议处；大学士吏部尚书刚毅、刑部尚书赵舒翘，均交部议处；并以德国使臣克林德被戕，派员赐祭云云。知议和条件，已略有眉目矣。

更进经确山、信阳，过观音河，入湖北应山界。越武胜关，经孝感，抵黄陂境。见鄂抚告示，通缉"富有票"余犯。先是汉口发见"富有"、"贵为"两种签票，系组织革命机关，仿哥老会开堂放票之法，以是为入党标帜。为首唐才常，系康南海门人，故票中分嵌"有为"两字。唐旋以破案被戮，故有通缉余党之事。此处铁路已在兴工。二十三日，乃抵汉口，始悉圣驾已于初八日自太原启銮，西幸西安。锡清弼方伯良¹升山西巡抚，旧抚毓贤开缺；岑云阶授山〔陕〕西巡抚。闻各国屡请回銮，担任保护，两宫尚未俞允云。

自太原启程以来，曲折二千余里，多半皆山行险道，纡回陟降，车敝马瘏，殆已不胜其困。惟沿途令守，多有世交朋旧，一路将迎，班荆道故，颇不寂寞。抵汉以后，长路征尘，可以暂资憩息，如鱼游得水，鸟至投林，不觉为之一快也。

是时，鄂督为张公之洞，鄂抚为于公荫霖，藩司为瞿公廷韶，署臬司为旗人扎勒哈哩，粮道为凌公卿云，署盐道为逄公阔〔润〕古，首府为余公肇康，保甲局为齐公耀珊，汉口督运局为恽公祖翼，江汉关监督为岑公春萱²。其中多半皆有旧谊，更兼亲知朋好之宦居此地者，因之拔来报往，几无虚日。旋以余太守之展〔寋〕修，订婚许氏，即在客中下定。既而复以荆宜施道奭召南观察良³一再函约，遂有荆州之行。奭公派轮相迎，意极殷渥，因顺谒将军济公禄、都统宝公德兴。公禄迭相招宴，纵谈乱事，不觉洪醉。不意正在酒酣耳热之中，忽得召公⁴被劾落职消息，令人意沮。幸观察颇旷达不为意，临行尚殷殷致赆，殊可感也。

予在湖北时，屡谒制府张文襄公，意颇亲切，询及出狩及行在情状，每感叹不止。一日，忽谈及大阿哥，公谓：此次祸端，实皆由彼而起。酿成如此大变，而现在尚留处储宫，何以平天下之人心？且祸根不除，尤恐宵小生心，酿成意外事故。彼一日在内，则中外耳目，皆感不安，于将来和议，必增无数障碍。此时亟宜发遣出宫为要着，若待外人指明要求，更失国体，不如及早自动为之。君回至行在，最好先将此意陈奏，但言张之洞所说，看君有此胆量否？予曰："既是关系重要，誓必冒死言之。"曰："如是甚善。"

在鄂中勾当饷事，略有端绪，遂前赴湖南，谒俞中丞。中丞知予与其公子梦丹同事，亦甚相爱重，惟目疾甚重，几至不能启视，神气殊觉颓唐。每言及梦丹，颇有不满意，曰："但能似君稳练，我便放心矣。君既与共事同好，惟望多方规劝，令其去华存实，从正路向上，庶不至流为邪僻也。"盖中丞元配已故，时方以侧室主持家政，而梦丹为元配所出，父子之间，不免稍有隔阂，故语吻如此云云。

予在两湖时，屡奉廷旨催回，以公事未毕，迄淹缠不得就道，遂在湖北度岁。次年辛丑正月，即就鄂垣赁室，草草完婚礼。直至三月中，始向各处结束督饷公事，料量西上。方行至荆门州，忽由州官转到一电，上开"无论行至何处，由所在地方沿途探速投递"云云。予得之大骇，详细审视，始知仍为促还行在之故，并无他事，方始放心。乃急将家眷设法安顿，仍只身从间道趋赴，并日兼程，于是年五月初始抵行在。

次日即蒙召见。予面奏各事毕，太后温语慰劳，仿佛如家人子弟远道归来者。既复含笑言曰："我这才知道，原来岑春煊同你不对，他们把你挤到外边去的。"稍停，又曰："你出去走一躺〔趟〕也好。你两人若是一径混在一起儿，到今朝不准闹些什么花样出来。"予奏谓："臣并不敢同他闹意见。只是岑春煊过于任性，有使人难受之处。"太后曰："这个我也知道。他的脾气不好，太暴躁了。"连说："我知道的。"予乃叩头而退。先数日，太后御笔亲画折扇八柄，旋以七柄颁赐诸王公大臣，独留其一。诸宫监即窃窃私议，谓此一柄必留以待吴永者，既而果然。复命之日，即以此扇见赐，并赏银三千两，尚有其他赐物，袍褂料十数袭，令自向管库太监处选择。盖是时各省贡品，络绎输解，百物咸备，宫廷气象，已焕然改观矣。

太后仍命伺应宫门差使，银两衣物赏赉几无虚日，并推恩赏给先太夫人金宝手钏各一副。予同时奉鄂督、湘抚先后密保，即以五月六日正式召见，与前大总统徐公、前总揆孙公宝琦三人，同起入见，均奉旨以道员记名简放。召见时，皇上正面坐，前有御案；太后于其后坐高座，恰如舞台上之演观音王母像。太后手执绿头笺[5]，视予微笑。事后笑告内监，谓吴永今日也上了场，正式行起大礼来，咱们真好似演戏模样。盖谓予乃朝夕见面之人，今乃第一次正式觐见也。

予忆及文襄所嘱，念夙诺必当实践，顾以事情重大，不敢冒昧。此时荣相已至行在，仍为军机首领。闻先时颇受两宫责言，外人亦有指摘，出京后中途至武陟，殊徘徊不敢进。以后不知如何疏解，始复前赴西安，乃宠任一如前时。荣复荐张百熙[6]及瞿鸿禨二人，同时并召，后乃舍张而用瞿。瞿之得入军机，由荣荐也。但荣相对予颇相契爱，乃先以此意叩之。荣时方吸烟，一家丁在旁装送。闻予所述，但倾耳瞑目，作沉思状，猛力作嘘吸，吐烟气卷卷如云雾，静默不语。吸了再换，换了又吸。凡历三次，殆阅至十余分钟，始徐徐点首曰："也可以说得，尔之地位分际，倒是恰好，像我辈就不便启口。但须格外慎重，勿卤莽。"

予因是已决意陈奏。一日召见奏对毕，见太后神气尚悦豫，予因乘机上奏曰："臣此次自两湖来，据闻外间舆论，似对于大阿哥，不免有词。"太后色稍庄，曰："外间何言？

与他有何关系？"予因叩头奏曰："大阿哥随侍皇太后左右，当然无关涉于政治，但众意以为此次之事，总由大阿哥而起。现尚留居宫中，中外人民，颇多疑揣，即交涉上亦恐多增障碍。如能遣出宫外居住，则东西各强国，皆称颂圣明，和约必易就范。臣在湖北时，张之洞亦如此说，命臣奏明皇太后、皇上，并言此中曲折，圣虑必已洞烛，不必多陈。第恐事多遗忘，但一奏明提及，皇太后定有区处。"太后稍凝思，曰："尔且谨密勿说，到汴梁即有办法。"予遂叩头起立，默计这一张无头状子，已有几分告准也。

予狃于此事，胆力稍强，以为幸有进言机会，凡理所应言者，均当言之。但有一次，则险碰一大钉子。一日入见，奏对事毕，太后与皇上同坐倚窗匼上。予见太后意尚闲暇，因乘间奏言："徐用仪、许景澄、袁昶三臣，皆忠实为国。当时身罹法典，当然必有应得之罪；顾论其心迹，似在可原。据臣所闻外间舆论，颇皆为之痛惜，可否亮予昭雪？"方言至此处，意尚未尽，突见太后脸色一沉，目光直注，两腮迸突，额间筋脉悉偾起，露齿作嚓龂状，厉声曰："吴永，连你也这样说耶？"予从来未见太后发怒，猝见此态，惶悚万状，当即叩头谢曰："臣冒昧，不知轻重。"太后神色略定，忽将怒容尽敛，仍从容霁颜曰："想你是不知道此中情节，皇帝在此，你但问皇帝。当日叫大起，王公大臣都在廷上，尚未说着话，他数人叨叨切切，不知说些什么，哄着皇帝，至赚得皇帝下位，牵着许景澄衣袖，叫'许景澄，你救我'。彼此居然结着一团，放声纵哭。你想还有一毫体统么？你且问皇帝，是否实在？"皇上默无一语。予只得叩头，谓"臣实不明白当日情形"。太后复霁语曰："这难怪你，咱们宫廷里的事，外间那里知道？你当日尚是外官，自然益发不明白了。"予见太后意解，始逡巡起立。莽遇此劈天雷电，忽而云消雨霁，依然无迹，可谓绝大幸事，然予真已汗流浃背矣。不意太后盛怒时，威棱乃至如此。昔人谓曾、李两公，当时威权盖世，一见太后，皆不免震慑失次，所传固当不虚也。

后有耆旧某公，为述当时真状，谓此番叫起情形，实误于上下隔膜。先是有浙人罗某 [7]，常奔走荣文忠门下，一日不知从何处捕得风影，急投荣处密报，谓各国已分头调兵来华，决定攻打北京，与中国宣战云云。荣素持重，此次竟为所惑，径自缮密折，入宫呈奏。太后得奏，当然着慌，既惧且愤。端、庄等正喜师出有名，益乘间极力盅煽，且哄且激。太后遂亦主张开战，因此乃宣叫大起。故太后一到场莅座时，开首即言："现在洋人已决计与我宣战。明知众寡不敌，但战亦亡，不战亦亡。同一灭亡，若不战而亡，未免太对不起列祖列宗。故无论如何，不得不为背城借一之图。今当宣告大众，诸臣有何意见，不妨陈奏"云云。当时似有数人发言，不甚清晰。朱古薇阁学祖谋曾出班陈奏，谓拳民法术，恐不可恃。一旗员（似是长瑞）即从旁掺言曰："拳民法术可恃不可恃，臣不敢议。臣特取其心术可恃耳。"联学士元[8]继续发言，其词颇戆，谓如与各国宣战，恐将来洋兵杀入京城，必至鸡犬不留。太后色变。即有御前大臣大声叱之曰："联元这说的是什么话！"太后意正含愤，正于此时，皇上望见许文肃，即下座执其手曰："许景澄，你是出过外洋的，又在总理衙门办事多年，外间情势，你通知道。这能战与否，你须明白告我。"许奏言："闹教堂伤害教士的交涉，向来都有办过的，如若伤害使臣，毁灭使馆，则情节异常重大，即国际交涉上，亦罕有此种成案，不能不格外审慎"等语。皇上固知万不能战，而劫于端、庄，不敢径宣己意，以文肃久习洋务，特欲倚以为重。闻许言，深中其意，因持其手而泣。文肃亦泣。袁忠节班次与文肃相近，亦从旁矢口陈奏，一时忠义奋发，不免同有激昂悲戚之态度。许奏语本极平正，太后似亦未甚注听。第见皇上与之相持，三人团聚共泣，疑二公必有何等密语刺激皇上，不觉大触其怒，即注目厉声曰："这算什么体统？"德宗乃始释手。故上谕中有"语多离间"之词，当时颇疑此谕出于端、刚矫旨，其实两公之死，即由于此云云。证以太后所言，谓皇帝当日曾叫"许景澄救我"，则其致怒之由，可以揣想，殆以疑心而生误听也。究其症结，盖太后已入荣言，以为各国业经决定宣战，故开此会议以谋应战之方略，是战与不战，已无复拟议之馀地。而廷臣中多半不知就里，或以为尚是片面商议和战问题，或则以为政府已得有宣战实据；因之彼此陈奏，针锋均不相对，以至愈激愈偏。后来退班出宫，彼此互讯，此项消息茫然不知何来。军机既未呈报，总署亦无照会，方始大家愕异。盖荣相上此密折，外间固绝无人知道也。若当时明白内容，只须将洋人并无宣战事实委曲开释，未尝不可消解。乃彼此均走入岔道中，夫洋人已决战而尚主张不战，则惟有降之一法，宜其不能相入也。大风起于蘋末，蚁穴足以溃堤。因罗某之一言，而酿成如此掀天大祸，当亦彼所不及料者矣。最近见杂志中载某君谈话二则，亦是当时事实，谓得之于李公端棻所亲见。盖李公在戊戌政变，以赞成新政入狱，庚子拳乱时，尚未出狱也。公言许、袁两公入狱，即指定分系南北所。当在狱中分道时，袁忠节执文肃之手曰："人生百年，终须有一死，死本不足惜，所不解者，吾辈究何以致死耳。"文肃笑曰："死后自当知之，爽秋何不达也？"忠节固亦负气磊落男子，然文肃益旷达矣。

李公又言：立忠贞公山之入狱，后于袁、许两公一日。当初至请室时，一恸即绝。狱中群以予粗知医术，嘱为诊视。予乃以峻剂苏之，因讯其获罪之由，且劝其舒和镇静，以全大臣之体。立公因言：昨日在御前会议，将大举攻使馆，众论纷纭久不决。太后曰："此国家大事，当问皇帝。"今上自退政以后，恒恭默不语。此次独侃侃而谈，力言其不可，谓断无同时与各国开衅理。王夔相当稽首曰："圣虑及此，国之福也。"端邸即怒斥之曰："王文韶，此时尚为此误国之言耶？"予继言宜先派大员，宣朝廷德意，不喻，然后图之，则我为有词。太后遽曰："然则即命汝往。"予对曰："受国厚恩，不敢辞。惟臣向不习洋务，请命徐用仪同往。"太后允之。未及复命，乱民已蚁聚予宅中，设坛门外，谓予室中有地道，潜通西什库教堂，大加搜索。不得其迹，则拥予至坛前焚表，表升，无以罪我。方扰攘间，乃有类缇骑者逮予至此。予虽不肖，已忝为朝廷极品大员，乃一时昏瞀，致屈膝于乱民，亏体辱国，死不蔽辜。以此悔恨，非畏死也。"逾二日，大差下，狱卒掖之去。予不觉顿足大悔，当时不应投剂苏之，反累其多受一次苦痛云云。由此言之，立公殊鼎鼎有大臣身分。因立为旗人，知者较少，故虽同一死难，而远不若许、袁二公之轰烈。然则既绝复苏，虽多受一次痛苦，而留此数语，大节皎然，使天下后世可以共鉴其心迹，泰山、鸿毛，声价顿别。则李公一刀圭之力，固远胜于千金肘后也 **9**。

太后一日且为予缕述出宫情事，谓当乱起时，人人都说拳匪是义民，怎样的忠勇，怎样的有纪律、有法术，描形画态，千真万确，教人不能不信。后来又说京外人心，怎样的一夥儿向着他们。又说满汉各军，都已与他们打通一气了，因此更不敢轻说剿办。后来接着攻打使馆，攻打教堂，甚至烧了正阳门，杀的抢的，我瞧着不像个事，心下早明白，他们是不中用，靠不住的。但那时他们势头也大了，人数也多了，宫内宫外，纷纷扰扰，满眼看去，都是一起儿头上包着红布，进的进，出的出，也认不定谁是匪，谁不是匪，一些也没有考究。这时太监们连着护卫的兵士，却真正同他们混在一起了。就是载澜等一班人，也都学了他们的装束，短衣窄袖，腰里束上红布，其势汹汹，呼呼跳跳，好像狂醉一般，全改了平日间的样子。载澜 **10** 有一次，居然同我抬扛，险些儿把御案都掀翻过来。这时我一个人，已作不得十分主意，所以闹到如此田地。我若不是多方委曲，一面稍稍的迁就他们，稳住了众心，一方又大段的制住他们，使他们对着我，还有几分瞻顾。那时纸老虎穿破了，更不知道闹出什么大乱子，连皇帝都担着很大的危险。他们一会子甚至说宫里也有二毛子，须要查验。我问怎样查验，他们说如系二毛子，只须当额上拍了一下，便有十字纹发现。这些宫监妇女们，不得的惶恐，哭哭啼啼，求我作主。我也不犯向拳匪去讲人情，我想阻止他们又不对，万一阻止不了，那更不得下台。我教他尽管出去，果然拍出十字来，也是命数，这何须怕得。如若胡乱枉屈人，那神佛也有公道，难道就听凭教下徒弟们冤杀无辜不成。后来出去查验，也是模糊了事，并没有查出什么人，他们心中明白，得了面子，也就算大家对付过去，还了我的面子。你想这样胡闹，还讲什么上下规矩么。

又言洋兵已进了城，宫里完全没有知道，只听着枪弹飞过，这声音全像猫儿叫。（言次即效猫叫声。）眇，我正疑心那里有许多的猫儿，那时正在梳妆，又听着眇了一声，一个枪弹从窗格子飞进来，那子弹落地跳滚，仔细认着明白，方才骇异，才要向外边查问，一眼瞧见载澜跪在帘子外，颤着声气奏道："洋兵已进了城，老佛爷还不快走。"我才慌忙起身，急问皇帝何在？说在某殿上行礼，我叫赶速通报。原来这一天刚刚碰着祭祀，皇帝正在那里拈香，听着叫唤，急忙前来，头上还戴着红缨帽子，身上穿的是补服。我道："洋兵已到，咱们只得立刻走避，再作计较。"皇帝更着了慌，仓猝就要跟着我跑。我道："你瞧这样服色，那里好走出去？"才千手百脚的把朝珠、缨帽一起儿胡乱抛弃，一面扯卸了外褂，换了长袍。我也改换了下人的装束。咱娘儿两个，就此一同出走。那时一切衣服物事，都已顾不得携带，单单走了一个光身。一路跟跄步行，一直到了后门外，才瞧着一乘骡车，问了骡夫，知道是载澜的车子。我就带着皇帝急急上车，赶叫向前快走。他们都是沿途找雇，到了德胜门外，大伙儿才得稍稍聚集 [11]。又怕洋兵追赶，不便屯留，便一气直前上道，昼夜趱行。头一日顿宿贯市，多方设法好容易才觅到几乘驮轿。由贯市赶到岔道，都宿在破店中，要求一碗粗米饭、一杯绿豆汤，总不得找处。比较逃荒的老百姓，更为苦恼。一直到了怀来，亏你有个预备，才算脱了苦境。难得你如此忠心，而且急忙之中，还亏你赶办得出来，我是十分心受的。所以我要你随扈在一起，这会子也总算是患难的相与了。

其时，刚毅已先在途次病故，赵舒翘亦赐自尽。太后言及二人，似尚有余怒，谓：这都是刚毅、赵舒翘误国，实在死有余辜。当时拳匪初起，议论纷坛，我为是主张不定，特派他们两人前往涿州去看验。后来回京复命，我问他义和团是否可靠，他只装出拳匪样子，道是两眼如何直视的，面目如何发赤的，手足如何抚弄的，叨叨絮絮，说了一大篇。我道："这都不相干。我但问你这些拳民，据你看来究竟可靠不可靠？"彼等还是照前式样，重述一遍，到底没有一个正经主意回复。你想他们两人都是国家倚傍的大臣，办事如此糊涂；余外的王公大臣们，又都是一起儿敦迫着我，要与洋人拼命的，教我一个人，如何拿得定主意呢？

稍停，又续言曰：依我想起来，还算是有主意的。我本来是执定不同洋人破脸的，中间一段时期，因洋人欺负得太很〔狠〕了，也不免有些动气。但虽是没拦阻他们，始终总没有叫他们十分尽意的胡闹。火气一过，我也就回转头来，处处都留着余地。我若是真正由他们尽意的闹，难道一个使馆有打不下来的道理？不过我总是当家负责的人，现在闹到如此，总是我的错头，上对不起祖宗，下对不起人民，满腔心事更向何处诉说呢？

太后此番话头，虽属事后之谈，但详细体会，亦是实在情节。试想彼深居宫闱，一向与外间情势不相接触。一旦遭此巨变，前后左右，手足耳目，都是一样狂迷，如醉中闹架，欢呼盲进，意兴勃勃。他毕竟是个女流，易于迷信，平日为洋人交涉受了多少委曲，难得有此"神人"协助之机会。欲其凭一人判断，独排群议，尽遏众狂，此绝不易得之事。即自谓尚有主意、未尝放手云云，事实具在，亦不能谓之尽诬。如实在与端、刚倾倒一向，并力不顾，攻破一使馆，自在可能之列。不过总有一段时期已经中了魔毒，若谓始终明白，殆亦未必然耳。

拳匪之事，当刚、赵查验时，是一祸福转捩关键。如此时能将真情实状，剀切陈奏，使太后得有明白证据，认定主张，一纸严诏，立时可以消弭。过此以后，乌合蚁附，群势已成，虽禁遏亦已不及。后来酿成如此大祸，刚、赵二人实不能不负其全责。太后谓其死有余辜，确系情真罪当。刚之为人，愚陋而刚愎，或真信拳匪之可恃，亦未可定。赵则起家科第，扬历京外，开藩陈臬，并皆卓有政声；而且学问淹通，持躬廉正。此儿戏鬼混之义和团能否成事，明白易晓，决不至于不能鉴别。第以劫于刚势，不敢立异，遂至与之骈殉，身陷大戮而死负恶名，未免太可惜矣。

近闻某公言及赵事，则尤不觉为之扼腕。谓当拳匪在涿州时，太后命刚、赵往验。刚实未往，赵独挈何君乃瀛同行。何字松生，本刑部老司员，殊干练有卓识。二人回京后，均力言拳民之不可恃。何因为赵拟就一折，言之颇甚剀切，赵审阅再三，似碍于端、刚，踌躇不敢上。末谓上折太着痕迹，不如面陈为妥。乃先赴荣相处，详悉报告。再见太后复命，亦经一一据实奏陈。而彼时太后已受魔热，词色颇不怿。先时赵之僚友曾有以大义相责者，赵出告人，谓幸不辱命，我对军机、太后，均已尽情倾吐，应说尽说，抚心自问，庶几可告无罪矣。后来，点派带团差使，并无其名，赵益自引为幸，谓从此可以脱离关系云云。某公所言，委系得之当时事实，并非泛泛。准此而论，则赵于拳匪并未有阿护之事。最后赐尽上谕中，只坐以"毕竟草率"四字，且有“查办拳匪亦无庇纵之词”等语。即据太后口中所言，亦足证明其始终未言拳匪可靠。参稽互考，情节昭然。只因当时稍有瞻顾，少此一折之手续；又夙因刚援引，相处亲密。致后来中外责言，均以刚、赵并举，李文忠亦有“刚、赵袒匪”之电奏。空言无据，无法辨白，卒陷于不测之大戾。然则彼之失足，不在于查验拳匪之役，而在于受刚援引之时，因失其亲，子云中郎，所以同抱千古兰滫[12]之恨也。悲夫！顾就此案而论，终不能不谓之冤。青史是非，悠悠众口，吾尤愿为死者一洗之也。

刚、赵之处分，凡见过四次上谕：第一次革职留任；第二次交部严议；第三次斩监候；第四次斩立决，改赐自尽。足见前时太后尚有回护之意，其终受大辟，实出外人要迫，并非太后之本心。受诛以后，则言者事事皆藉以诿罪，不免别有投阱之语，故此时太后亦深憾之。一朝失足，则众恶皆归，此亦古今之常态。惟刚已先故，竟逭诛夷。即谓刚、赵同罪，刚罪总浮于赵，乃刚免而赵不免，此真所谓有幸有不幸者耶！

赵赐自尽时，派岑春萱〔煊〕前往监视。赵体质素强，扼吭仰药，百计竟不得死。而岑在客堂，不耐久候，再四逼促，词气极凌厉。家人不得已，乃以绵纸遍糊七窍，灌以烧酒而闷煞之，屡绝屡苏，反复数次而后毕命。惨矣！然岑亦忍矣哉!

辛丑五月十五日,予奉旨简放广东雷琼道遗缺。予与徐、孙两公,均以密保同日引见,而予才及十日,即蒙简放。当时慕韩总揆[13]且向予欣贺不置,谓君今乃先着祖鞭,令人有景倩登仙之羡,吾等尚不知挨磨几许时日,方有此希望也。今两公皆已登峰造极,名播中外,而予则依然故我,碌碌无成。回首云泥,空增惆怅而已。

奉简后,复传旨缓赴新任,命督办回銮前站事宜,仍照旧承应宫门事务。予此次颇十分为难。先是,由怀来至太原,沿途宫门事务,均由予一手承应。予深知地方官办事苦况,事事均为之道地,不令宫监等有非分需索及欺凌逼勒等事。宫门费用,予均为按资匀配。彼时诸宫监初出都门,所望不奢,亦尚能帖然就范,并无诽怨。自予由太原奉差出发后,宫门之事即由岑云阶接替照管。彼因欲见好于各宫监,乃悉力反予所为,凡各省进奉官吏,皆为之敲索使费。每到一州县,亦首先讲论宫门费,多者或逾万金,少亦七八千金。至零星费用更无一定,几于遇事需费。各宫监无不欢喜踊跃,人人餍饫。因而追怨前事,谓予非但不为帮忙,且有意裁抑之,以此均德岑而恨予。竟有当面诘责者,谓:"咱们从前朦在鼓子里,都被你刻薄死。还亏着岑三讲交道,帮个忙儿,动是整千整百的,作成咱们爷儿吃了个饱肚。横竖使的别人家的钱，他们来路是容易的，也落得大伙儿做个人情。偏是你拈斤播两的，巴巴几两银子，还要叫我们请安谢赏，这不是活活被你捉弄么？"盖彼等已经吃过一番大甜头，全不似前此之听受范围。幸而上边通气，尚不敢公然作难，然实在是予愚笨而岑聪明。岑以后之扶摇直上，其根基实始于此。

予前此以匆促赴召，家眷尚留鄂中，即寄居于岳家。近见荣相，谓上意欲令予随扈还京，何妨将眷属迎至秦中，将来即可一路同行云云。予念如此可省两方牵注之劳，于计亦得。是时，京外大臣及京都士绅，均陆续奏请回銮，章已十数，而上意尚踌躇不即允。予因启銮之期尚未宣布，为日必不在近，因乘间请假回鄂一行，以便亲自照料眷口，结束家务。奉允后，即日就道，抵鄂垣匆匆部署一切。旋闻回銮期日已定，家眷前赴秦中，未免多此跋涉，因仍只身先自趋赴行在，而嘱家眷随后首途，预备于河南途次相待。盖大驾已定从旱道入都，河南固为必经之地也。

八月十八日，予始由湖北还抵西安行在。即日往谒军机各堂宪，并诣宫门报到。十九日，总管太监李莲英传旨赏银四百两、大缎二匹。一到即有恩赐，即宠任亲贵大臣亦不多见，在予得之，真可谓异数也。

先是五月二十一日，曾降发上谕一道，略谓"朕侍皇太后暂住关中，晌将经岁，眷怀宗社，时切疚心。今和局已定，昨谕令内务府大臣扫除宫阙，即日回銮。惟现在天气炎热，圣母年高，理宜卫摄起居，以昭颐养，自应俟节后稍凉启跸。兹择于七月十九日由河南、直隶一带回京，着各衙门先期敬谨预备"等语。此谕既宣布，于是中外人心一时大定。缘行期久久未定，众情惶惑，不免妄生疑揣，有谓将久居西安者，有谓将迁都蜀中者。复因水陆问题斟酌不定，益滋延宕。先有主张由河南、襄阳至汉口，改由京汉路入京，谓沿途供亿可省若干百万。南方并有请驾出上海，径从海道入都之议。嗣经通盘筹度，谓水道须另造轮只，且有数处河道须经修浚，方可通行御舫，费更不赀，乃决计取道陆路。至是，而行期、路线一起决定，中外乃始释然矣。

亡何而陕抚升允[14]奏谓天时炎热，道路泥泞；汴抚松寿[15]奏谓积雨连旬，河水骤发，跸路冲毁，行宫损坏，均请展缓行期。乃复于七月一日下谕：据奏改定，以八月二十四日回銮。于时舆论大哗，均谓两宫实无回銮之意，两抚之奏均由西安政府授意，即二十四之期，亦决不可信，届时必须再改。并有言第三期已预拟定，将改为九月三日；第四期必以太后寿辰为词，改十月底；第五期必以天寒为词，改至明春。逐节延改，终于无期而后已。或言太后惧回京后受各国要索抵罪，故不许皇上回京；或谓李莲英恐以太后失势而失权，故力怂太后不宜回京等语，纷纷扰扰。中外报纸，批评议论无虚日。各国使臣亦颇为所动，一再向当局诘问。于是政府更下谕旨、懿旨各一道，谕旨系豁免陕西、河南、直隶跸路经过地方钱粮；懿旨系赏给陕西人民内帑十万两，盖借此以坚各国之信。其实，太后前此稍有戒心，暂持观望之态度，或所不免。至于此次定期以后，固已预备启行，并无游移之意。两抚改期之奏，实因预备不及，冲毁行宫跸路，皆实在之事也。

同时并特派陕抚升允为前路粮台。升抚因启銮在即，奏请交卸抚篆。奉旨：陕西巡抚着李绍芬暂行护理。同时，并委枭司樊增祥署理布政司，道员吴树芬 **16** 署理按察司，西安府胡延升署粮道，侯补府傅士炜署西安府。此数日中，西安官场全班更动，贺任道喜，满街车马纷驰，闹得烟昏尘起，头目皆为之晕。兼之行期已迫，宫府内外皆预备结束登程，各京官亦悉备行事，包裹捆扎，大车小杠，憧扰不可名状。予以奉有前命，不能不勉尽职务。而甫到行在，相去仅六日，孑然一身，事繁期促，如何措手？不得已自行出资募雇健役二十余名，另赁马二十匹随行，即赶赴前途，先行布置一切。略有端绪，仍赶回西安省城，伺候启跸，以便随驾同行。幸经过一次，办理稍习。又执事宫监诸多稔识，故应付尚为顺手耳。

二十三日，军机大臣谕：本日各章京办事毕，二班章京即着先行启程，自京西至阌乡，派头班章京沿途办事；自阌乡至开封，派二班章京沿途办事。并奉前路粮台核准定章，皇差官车二千余辆，驴马应给草料，行路日给一两，驻跸减半。大概布置，皆已楚楚就绪矣。

八月二十四日辰刻，两宫圣驾自西安行宫启跸。阌城文武官吏，均先于宫门外齐集，伺候升舆。行李车先发。辰初三刻，前导马队出城；太监次之；各亲贵王公大臣，或车或马，又次之。俄闻静鞭三响，即有黄轿数乘自行宫出，士民皆伏地屏息。皇上、皇太后先后乘黄轿出宫，皇后随后，尚 **17** 有扈驾诸王大臣又在其后，最后为大阿哥。衔尾重车无数，均系各衙门档案。曲折穿行大街中，辰牌向尽，始出南门。沿途市肆，各设香花灯彩。长安父老均于南门外祇候跪送，恭献黄缎万民伞九柄。出城后，仍绕赴东关，诣八仙庵拈香进膳。本来直出东门，路线可省三分之二，谓因体制关系，且取"南方旺气向明而治"之义，所以辇路必出南门。先期奉升抚传谕：州县都守以上，均在灞桥恭送；佐杂千把，在十里铺恭送。并派员于各该处点验，查取职名，如有托故不到者，停委二年。所以冠裳跄济，异常热闹。沿途千官车马，万乘旌旗，气象极为严肃，较来时光景，当然大不相同。予在宫门送驾后，即乘马顺御路出南门。行二十里，至灞桥尖。灞桥折柳，自昔为往来迎送之地，然千年以来，当无有今日之热闹者。又二十里，驻跸临潼县骊山行宫。

二十五日，由骊山行宫启銮，至临口镇驻跸。自骊山至此四十里，均临潼县境。临潼令夏良才绝无预备，乃避匿不出。王公大臣多至枵腹，内膳及大他坦均不得饱食。大他坦且无烟火，夜间殿上竟不具灯烛。上赏内监银二百两，令自觅食，此亦绝异之事。上年予在怀来时，拳匪围城，溃兵四窜，正性命呼吸之际，而两宫仓猝驾至，予尚能勉力供应，不至匮乏。此次则半年以前已有行知，有人可派，有款可领，何以草率至此？闻夏令实已领款二万七千金，捺不肯发 **18**，所以诸事不备。该令藉〔籍〕隶湖北，为陕藩李公之同乡，临时委署此缺，本期藉皇差以得津润，既贪而庸，欲牟利而无其才，故至于如此荒谬。然两宫竟未有嗔责，此亦更历患难，心气和平，所以务从宽大也。予恐前站有误，即驰十五里过升店（属渭南县），略事部署。复前行三十五里，至渭南县，已傍晚，即就西城外觅一粮店住宿。行宫即在县署，颇宏整，较临潼殆天渊矣。

二十六日，在渭南候驾。申刻驾到渭南行宫驻跸，离西安已一百八十里。督办前路粮台升允，奏参临潼县知县夏良才办事不当，贻误要差，并自请议处。奉旨：夏良才加恩改为交部议处，其自请议处之处，从宽免议。盖两宫以大驾方始发轫，不欲以供应之故重罪有司，致沿途官吏多增疑惧，用意固甚深厚也。

二十七日，午刻自渭南启銮，申正至华州驻跸，行宫即在州署。昨夜荣相国之公子纶少华病故，各官争往慰唁。荣相年几七旬，只此一子，甚为聪慧，因之异常惨恻。但中途不便停顿，乃特留胡研孙观察在此，为之料理后事。暮年遭此不幸，意绪固难堪也。

二十八日，辰刻自华州启銮。行四十里，至华阴县驻跸，行宫亦就县署改设，铺陈构置颇皆妥贴如式。

二十九日，两宫诣华山麓玉泉院拈香。是日雨，道路泥泞。予先至院候驾。该院背山面河，有山苏亭、无忧亭诸胜，林泉掩映，古木阴森，颇为欣赏不置。有顷驾临，王公百官多半随从，宫眷亦有随至者，一时拥挤，或至不得入门内。而雨势益急，从官率通身沾湿，蹢躅泥淖中，致游兴为之消阻。闻由此上山顶，尚有四十里，仙人掌、莲花、玉女诸峰多在高处，惜匆匆不得一览。申刻驾旋，仍驻跸华阴县。

九月初一日，自华阴县行宫启銮。行五里，至华阴庙尖。又三十里，至潼关驻跸。行宫即在道署，颇有园林之胜。初二日阴雨，初三日晴，初四日风，均驻潼关。四日传旨：明日巳正启銮。予于宫门见荣相，神色颇惨淡。有河南四品卿衔道员吕永辉上封奏，请迁都洛阳。闻其人颇深喜自负，以此为匡时大计，闻者皆目笑之。近年，京朝士夫多主张迁陕之说，引经据史，言之侃侃。自西幸以后，多半亲历其地，皆哑然自失，不敢复持前议。书生目论，大都如此，吕亦同受此病也。是日，奉上谕：前因有冒充王公仆从，于各州县供给恃强攫食，曾经降旨严禁。现在将入豫境，着松寿认真查禁，如有此等情事，着即严拿惩办，勿稍瞻徇。因前在临潼，夏令曾以先日预备供应均被掠食为词，故有是命也。又奉谕：启跸以来，沿途车骑，诸形拥挤，甚至乘舆已到，尚复填塞，殊不足以昭郑重。着御前大臣认真弹压，并着松寿、夏毓秀、周万顺各派兵勇，分起押送，不准迟滞。至随扈王公百官车轮〔辆〕尚多，一经入豫，道途更隘，除有紧要差使者准带行李外，其余均着分起先行，以免拥挤云云。一路车辆，彼此争先，因致壅塞不行，欲速反滞，真太不成体统。有此一谕，或可稍资整饬也。

初五日，自潼关启銮，至阌乡县驻跸。予于早飧后，前驱行二十里，至阌第镇（属阌乡县境）。阌乡令邓华林来此迎驾。予作一禀函，上张香涛制军 [19]，杂叙两宫沿途起居，交阌乡令由四百里排单递送。盖前此在鄂时，制军曾以此事相嘱。连日仆仆道长 [20]，无法握管，至此始获作一函塞责。最可异者，此函〈竟〉不知何时散落外间 [21]，为好事者所得，居然装潢什袭，今岁乃有友人持此嘱予自加题跋。重览一过，墨沈如新，转不胜今昔沧桑之感矣。

昨日，喀尔喀亲王那彦图之亲随在潼关卷取铺垫等物，委员候补巡检李赞元向前阻止，该亲随竟缚而抶之于市。经升中丞〔丞〕据实奏参，奉旨：那彦图着交理藩院照例议处。其滋事亲随，着升允严讯惩办。此事颇快人意。吉帅[22]之风骨凛然，不避亲贵，殊可敬也。

初六日，辰刻自阌乡启銮，申刻至灵宝县驻跸。奉旨：明日驻跸一日。是日，奉谕：本年万寿，停止筵宴。连日皆行夹沟中，悬崖绝嶂间，羊肠一线，逶迤屈曲，其间仅容一车行。如两车相值，一车必预于空处藏避，俟对行车过，方始就道。沿途车辆，皆须互相呼应。近经特别平治开拓，两车亦可并轨。而随扈诸人，咸喜疾驰争先，乃至数十百辆衔尾接轴，莫能进退。昨日虽有严谕，一时尚不能生十分效力也。

初七日，仍驻灵宝。闻大差头站太监百余人，已由河南入直隶境，住宿磁州。庆王将到开封迎銮，当以本月二十日出都。奉旨：所遗总理外务部要差，着由李鸿章暂行兼管。并奉懿旨：着李相就近在保定迎銮，毋庸远赴。

初八日，晴。辰刻自灵宝县启銮，自此入河南境。行六十里，申刻抵河南之陕州。自南门入，驻跸河陕汝道署。

署有园圃，颇具池台亭榭之胜。余与梦丹同寓州署。署中亦小有园林，而荒废殊甚。大堂下有老树一株，大可数抱，古干槎枒，似是数千年物，署榜曰"召伯甘棠"，殆属后人附会也。是日奉旨：江西广饶九南道，着刑部员外郎瑞澂补授。盖前日有旨，以赣臬柯逢时升任湘藩，广饶道明徵升赣臬，而以瑞补其遗缺也。瑞为断送清社之罪魁，至此忽露头角。此时大局已定，两宫安返故都，宛然有日月重光、河山再造之气象，而亡国根芽，已植于此，履霜坚冰，可惧也。

初九日，仍驻陕州。

初十日，自陕州启銮，出东门，行五十里，至陕州属之张茅镇驻跸。此间地极狭窄，百官多不得栖宿处，皆驱车向前趱行。而晚间雨势复大集，泥中颠播，异常困顿，至有在车中过夜者，冻馁交迫，窘况殊不可堪也。

十一日，已刻自张茅镇启銮，行四十五里，至陕州属之观音堂驻跸。地势益隘，余觅宿不得，乃冒雨前行，至英豪镇住宿。此处已入渑池县境矣。

十二日，大驾仍驻跸观音堂。予先由英豪镇冒雨行二十五里至渑池县，即在渑池候驾。是处当崤山分支，沿途皆顽石横梗，极碍车道。清道光十四年、光绪九年两次兴工铲削，另辟新路。无如大车所载过重，砰訇磅礚，不久即成磊砢，十九皆震轞脱辐，须待修辑，故大驾不能不因之迟滞也。英豪镇即杜诗所咏之石壕村。蒿目时艰，倦怀身世，与杜陵当日境地颇复相类，益不胜芒鞋露肘之感矣。

十三日，由观音堂启銮，申刻至渑池县驻跸。

十四日，自渑池县启銮，过石河镇、义昌驿，至铁门镇驻跸，已入新安县境矣。连日阴雨，泥泞数尺，车行荦确，骡马负重不胜，倒毙途次者，所在皆是。随扈大驾，乃亦尝此等苦况，行路之难，可为叹息。是日，有折弁自湘中来，据云道过许州时，知予眷属寓许州北关旅店，初六夜半，有盗夥二三十人，明火执仗，毁门而入，劫去银洋、首饰无数，并用洋枪击伤亲兵、家丁各一人。亲兵身受七枪，伤势甚重，恐有性命之忧，惟眷口尚为平安云云。闻之骇绝。许州为豫省南路通衢驿道，并非僻地，关厢逼近州城，列肆林立，俨然闹市。乃盗夥竟敢公行肆劫，从容搜掠，殊不可解。少年妇女无端受此惊悸，其何以堪！予以随从属车，孤身远隔，仅凭折弁口语，又不能详及底蕴，五中焦灼，不可言状。当发一电问讯。辗转空床，竟至不能成寐。

十五日，午刻自铁门镇启銮，酉刻始抵新安县，驻跸。予与梦丹先行三十里，经磁涧镇，知两宫于明日当在此处中伙。十五里至谷水镇，已入洛阳县境。又二十五里，至河南府，于南门外逆旅住宿。是日，风日清美，道路坦平，旬日以来，惟此一程最为畅适。沿途烽候堆房，皆一律新修，焕然耀目。次日往瞻行宫，则局势宏丽，陈设皆备极精好。谓文守惨淡经营，已逾数月，殊不免有人劳鬼劳之感想。启銮前，迭谕沿途供应，不得逾侈以节民力，而文守仍复铺张如此，殊失将顺之义矣。文悌[23] 先为御史，戊戌政变极力迎合，奏参新政人物，颇为舆论所不满。此次闻向豫省请领八万金，预备在洛供应。延方伯给以三万，怏怏而回，仍就地罗掘以供所需。故一切部署，无不力从丰赡。又以重赂深结李莲英，终日在李室手持水烟袋当户而立，与出入官员招呼点首以示得意。豫中同官，皆心鄙之。松抚每告所属，谓我们河南现在已出了一个红员，盖即指文而言。临潼之草率，此间之繁靡，可谓过犹不及。盖两人各有目的，一图现在之利，一觊将来之名，用意不同，出手因而各异。但论损上损下之区别，则犹觉彼善于此矣。申刻，驾入洛城驻跸。河帅锡良、前鄂抚于荫霖、副宪张仁黼、前京尹顾瑢，均来此迎驾。

自陕西西安府咸宁县京兆驿，至河南省河南府洛阳县周南驿，计程七百八十里。自八月二十四日至九月十六日，途次共历二十二天。先是此地预备寝宫，拟请皇太后、皇上同居一处。适侍郎桂春在汴，力言无此体制，诸多不便，乃临时拓地改造。故皇上寝宫甚为逼窄，大阿哥住处尤窄。太后寝宫独宏敞，后窗外有极大地坑，上安木门，可以燃炭，从地道通入室内，盖预备在此过冬取暖也。行宫工程，原估二千四百串，现用至三万余两云。

十七日，仍驻跸河南府。奉旨须留驻五天。予早间于宫门外见于次帅 [24]。是日连得开封电，知眷属尚无恙，亲兵伤亦渐愈，为之稍慰。汪伯棠 [25] 农部偕桂月亭 [26] 侍郎自大梁来，过访久谈。昔年予从张樵野侍郎办理日本商约，农部方在张宅为西席，朝夕相见。乱离之后，旧雨重逢，剪烛清宵，愈深情款，相与谈及侍郎厄遇，均不觉为之于邑也。

十八日，仍驻跸河南府。予与黄小宋太守璟、周左麋太守钺，同乘马出东门外，至一大寺寻碑。隋唐石刻，所在林列，摩挲往复，令人目不暇给。惜日色向暮，已不能尽辨字画，恨不得学李阳冰 [27]，于碑下作三日寝处也。

十九日，仍驻跸河南府。两宫于召见军机办事后，辰刻即出宫，谒关帝陵，幸龙门、伊阙。进膳后，复幸香山寺。王公大臣多半随从。予亦前往侍班，因历览三龛、涌珠泉、宾阳洞诸胜迹。房廊户牖，并加丹艧，与予夏间经此，已焕然改观矣。伊水中流，望对岸香山寺，迤逦山半，游人旋绕如蚁。水上造有浮梁，水白波平，天空如镜。周庐星列，兵卫森罗，当不减羽猎长扬之盛。度桥行里许，至香山寺，即唐时乐天九老结社处。俯瞰洛水，远眺龙门，山半皆北朝造像，千龛古佛，密如蜂聚。寺内一厅事，屏间刻汪退谷 [28]

先生书白太傅《香山寺记》，字大几逾六寸，筋力雄伟，天骨开张，惜为俗工加饰粉漆，失其真趣，可叹也。未刻驾还，仍于宫门外侍班。

二十日，仍驻跸河南府。召见升允、松寿。先是自西安启銮，以秦抚升允为前路粮台，负弩前驱。泊至潼关，豫抚松寿越境迎迓，上即命升回任办赈。升奏谓：陕中赈事，藩司自能料理，臣愿从至开封。故入豫后辇路事宜，皆两抚同任照料。

二十一日、二十二日，仍驻跸河南府。二十三日晚，有旨：大驾明日启行。予乃先行登程。至洛城外，见有宋太祖庙，颓败已甚。门外有石碑，高寻丈，"夹马营"三字大书深刻，盖宋太祖降生处也。前行复有佛寺，规模极为宏敞。乃入内瞻仰，丰碑古篆，夹道林立，但尘封漫漶，不易辨识。有住持老僧，向之问该寺缘起，竟瞠目不能答。回旋许久，不觉日暮，乃笼烛行三十五里，至义井铺住宿。闻大驾明日过此中伙，已预备矣。

二十四日早，自河南府启銮，辰刻至义井铺传膳。予于宫门外侍班后，仍先行，抵偃师县。申刻驾至，即在县署行宫驻跸。此地离河南府城七十里，本日辇道最长，故启跸特早也。是日，召见湖北荆襄郧道朱其煊。

二十五日，辰刻自偃师县启銮，申刻抵巩县驻跸。予于是日早间，先出城行三十五里，至黑石关，大驾即于此处渡洛河。已造有浮桥，皆用民舟联属，上覆以板，板上更用土平筑，宛如周行大道。行宫即在河畔。两岸绿树阴浓，群峰环拱，是一幅绝好图画。又三十五里，乃至巩县。大驾不久亦至，遂在宫门侍班。闻该县近年频遭洛水之患，横流冲荡，庐舍一空，仅存基址。县署在水中央，久为泽国。今年曾起行宫于城内高处，六月间河流暴涨，仍被冲决。后乃就县署故基改筑，戽水填土，垫高七八尺，鸠工庀材，计日而成。然视之颇觉坚固，崇墉屹址，殊不类新筑者。城中民居，极为寥落，无屋可住。予乃前行出东门外，至离城三里之东寨住宿，是处似较繁盛。晤周敬舆直刺，留与共饭。予去秋过太原时，承其赠送棉被、墨砚等物，意甚殷渥。顷充孟巩缉私盐局，偶闻予至，特来相访。因为予述毓贤去年在山西杀戮洋人、教民、教士情状，横暴凶酷，惨无人理。以此山西一省，洋人要索赔款多至一千余万，大小官吏以迎合毓意被罪诛夷降革者至数十百人。殃民误国，贻害地方，区区一死，宁足以蔽其辜？然此时晋人亦尚有誉之、惜之、为之抱冤者，此则不可解也。

二十六日，巳刻自巩县启銮，未刻抵汜水县驻跸。予以早间先行二十五里，至老健坡顶尖（属开封汜水县，已出河南府境矣）。连日亦皆行夹沟中，与前过华阴道上形势无异。

而今日路尤险隘，虽因辇路所出，已大加平治，然陂陀上下，崎岖如故。闻此间旧仅村民数家，前任某道特于沟途中穿凿山穴，创造公馆两处，因此官差过此，稍得安置行李。现即就坡顶建造行宫，寝殿三楹，凭高矗起，八面开窗，可以凌空四望。东瞻嵩少，西瞰黄河，风景壮阔，心目为之一爽。两旁复道回廊，逶迤曲折，皆就地势布置，结构颇具匠心。下坡三十五里，即汜水县，遂在宫门侍驾。城内仅有一街，余则平畴一碧，麦田弥望，绝类旷野。县署亦为水漂没，向假书院作公廨。现即就书院遗址别筑行宫，规制亦颇宏敞。时值菊花盛开，庭阶廊庑，盆盎罗列，五色错杂如云锦，殊觉别饶风致。是日，得李傅相自京电奏，谓"病势危笃，请速派大臣接替，以资镇摄"。盖其时庆邸已出京赴行在，傅相特请命其还都继任，办理和议也。两宫得奏后，甚为廑念。太后曾召予语及，至为之流涕，谓大局未定，倘有不测，这如此重荷，更有何人分担？予于傅相受特别知遇，就私谊论，固然不免恻恻；即为国家而论，中流失船，前途险状，宁复堪以设想？绕屋徬徨，焦切万状。适孙慕韩观察移行李来，就予同室，联床夜话，心绪赖以消解。然不久慕公入睡，宵深人静，怅触百端，竟至不能成寐。天未向曙，即披衣起，坐以待旦。

二十七日，辰刻自汜水县启銮，未刻行抵开封府属之荥阳县驻跸。行宫寝殿陈设并皆雅素，于朴质之中，含有一种浑穆气象，反觉别开生面，如入羲皇境界。宫内亦皆遍艺菊花，廊牙墙角，遍地皆是，而种类尤多于氾水。或大如盘盂，或细如松子，奇形异态，五色纷错，率皆目所未见之物，不知从何处罗致而来，想亦费几许经营也。旋得京师来电：合肥相国，已于今日午刻逝世。得此噩耗，兀如片石压入心坎中，觉眼前百卉，立时皆呈惨色。闻两宫并震悼失次，随扈人员，乃至宫监卫士，无不相顾错愕，如梁倾栋折，骤失倚恃者。至此等关键，乃始知大臣元老为国家安危之分量。想此时中外朝野，必同抱有此种感想。即平时极力诋毁之人，至此亦不能不为之扼腕。公道所在，殆不可以人力为也！公之隆勋伟绩，自表表在人耳目。晚年因中日一役，未免为舆论所集矢。然自此番再起，全国人士皆知扶危定倾，拯此大难，毕竟非公莫属，渐觉誉多而毁少。黄花晚节，重见芬香，此亦公之返照也。是日奉谕："王文韶着署理全权大臣。"又谕："直隶总督兼北洋大臣，着袁世凯署理。未到任以前，着周馥暂行护理。"又谕："山东巡抚，着张人骏调补。"

予以后进获从公帡宇之下，晨夕左右，几逾一载。承公以通家子弟相待，所以督励而训诲之者，无所不至。每饭必招予共案，随意谈论，伺其宴息而后退，故于公之言论风概，习之颇稔。公每日起居饮食，均有常度。早间六七钟起，稍进餐点，即检阅公事。或随意看《通鉴》数页，临王《圣教》[29]一纸。午间饭量颇佳，饭后更进浓粥一碗、鸡汁一杯。少停，更服铁水〔酒〕一盅，即脱去长袍，短衣负手，出廊下散步。非严寒冰雪，不御长衣。予即于屋内伺之，看其沿廊下从彼瑞至此端，往复约数十次。一家人伺门外，大声报曰："够矣！"即牵帘而入，瞑坐皮椅上，更进铁酒一盅，一侍者为之扑捏两骹。良久，始徐徐启目曰："请君自便，予将就息矣。然且勿去。"时幕中尚有于公式枚等数人，予乃就往坐谈。约一二钟，侍者报中堂已起。予等乃复入室，稍谈数语，晚餐已具。晚间进食已少。饭罢后，予即乘间退出，公亦不复相留，稍稍看书作信，随即就寝。凡历数十百日，皆一无更变。

其时公自北洋罢任，以总理各国事务大臣久居散地，终岁僦居贤良寺。翁常熟当国，尤百计掎龁[30]之。公益不喜接客，来者十九报谢，因而门户亦甚冷落。公意殆不能无郁郁，然有愤慨而无怨诽。每盱衡时事，抚膺太息，其忠忱悱恻之意，溢于言表。尝自谓：予少年科第，壮年戎马，中年封疆，晚年洋务，一路扶摇，遭遇不为不幸，自问亦未有何等陨越。乃无端发生中日交涉，至一生事业，扫地无余，如欧阳公所言"半生名节，被后生辈描画都尽"，环境所迫，无可如何。又曰：功计于预定而上不行，过出于难言而人不谅，此中苦况，将向何处宣说？又曰：我办了一辈子的事，练兵也，海军也，都是纸糊的老虎，何尝能实在放手办理？不过勉强涂饰，虚有其表，不揭破犹可敷衍一时。如一间破屋，由裱糊匠东补西贴，居然成一净室，虽明知为纸片糊裱，然究竟决不定里面是何等材料，即有小小风雨，打成几个窟孔[31]，随时补葺，亦可支吾对付。乃必欲爽手扯破，又未预备何种修葺材料，何种改造方式，自然真相破露，不可收拾。但裱糊匠又何术能负其责？又曰：言官制度，最足坏事。故前明之亡，即亡于言官。此辈皆少年新进，毫不更事，亦不考究事实得失、国家利害，但随便寻个题目，信口开河，畅发一篇议论，藉此以出露头角；而国家大事，已为之阻挠不少。当此等艰难盘错之际，动辄得咎，当事者本不敢轻言建树，但责任所在，势不能安坐待毙。苦心孤诣，始寻得一条线路，稍有几分希望，千盘百折，甫将集事，言者乃认为得间，则群起而讧之。朝廷以言路所在，又不能不示加容纳，往往半途中梗，势必至于一事不办而后已。大臣皆安位取容，苟求无事，国家前途，宁复有进步之可冀？又曰：天下事，为之而后难，行之而后知。从前有许多言官，遇事弹纠，放言高论，盛名鼎鼎。后来放了外任，负到实在事责，从前芒角，立时收敛，一言不敢妄发。迨至升任封疆，则痛恨言官，更甚于人。尝有极力讦我之人，而俯首下心向我求教者。顾台院现在，后来者依然蹑其故步，盖非此不足以自见。制度如此，实亦无可如何之事也！言至此处，以足顿地，若犹有余怒者。

公平素最服膺曾文正公，启口必称"我老师"，敬佩殆如神圣。尝告予："文正公，你太丈人，是我老师，你可惜未曾见着，予生也晚呵！我老师文正公，那真是大人先生。现在这些大人先生，简直都是秕糠，我一扫而空之。"又曰：我老师实在厉害。从前我在他大营中从他办事，他每天一早起来，六点钟就吃早饭，我贪睡总赶不上，他偏要等我一同上桌。我没法，只得勉强赶起，胡乱盥洗，朦胧前去过卯，真受不了。迨日久勉强惯了，习以为常，也渐觉不甚吃苦。所以我后来自己办事，亦能起早，才知道受益不尽，这都是我老师造就出来的。又曰：在营中时，我老师总要等我辈大家同时吃饭。饭罢后，即围坐谈论，证经论史，娓娓不倦，都是于学问经济有益实用的话。吃一顿饭，胜过上一回课。他老人家又最爱讲笑话，讲得大家肚子都笑疼了，个个东歪西倒的。他自家偏一些不笑，以五个指头作把，只管捋须，穆然端坐，若无其事，教人笑又不敢笑，止又不能止，这真被他摆布苦了。又曰：别人都晓得我前半部的功名事业是老师提挈的，似乎讲到洋务，老师还不如我内行。不知我办一辈子外交，没有闹出乱子，都是我老师一言指示之力。从前我老师从北洋调到南洋，我来接替北洋，当然要先去拜谒请教的。老师见面之后，不待开口，就先向我问话道："少筌〔荃〕，你现在到了此地，是外交第一冲要的关键。我今国势消弱，外人方协以谋我，小有错误，即贻害大局。你与洋人交涉，打配作何主意呢？"我道："门生只是为此，特来求教。"老师道："你既来此，当然必有主意，且先说与我听。"我道："门生也没有打什么主意。我想与洋人交涉，不管什么，我只同他打屁〔痞〕子腔（屁〔痞〕子腔盖皖中土语，即油腔滑调之意）。"老师乃以五指捋须，良久不语，徐徐启口曰："呵，屁〔痞〕子腔，屁〔痞〕子腔，我不懂得如何打法，你试打与我听听？"我想不对，这话老师一定不以为然，急忙改口曰："门生信口胡说，错了，还求老师指教。"他又捋须不已，久久始以目视我曰："依我看来，还是用一个诚字。诚能动物，我想洋人亦同此人情。圣人言忠信可行于蛮貊，这断不会有错。我现在既没有实在力量，尽你如何虚强造作，他是看得明明白白，都是不中用的。不如老老实实，推诚相见，与他平情说理，虽不能占到便宜，也或不至过于吃亏。无论如何，我的信用身分，总是占〔站〕得住的。脚踏实地，蹉跌亦不至过远，想来比痞子腔总靠得住一点。"我碰了这钉子，受了这一番教训，脸上着实下不去。然回心细想，我老师的话实在有理，是颠扑不破的。我心中顿然有了把握，急忙应声曰："是，是，门生准遵奉老师训示办理。"后来办理交涉，不论英俄德法，我只捧着这个锦囊，用一个诚字，同他相对，果然没有差错，且有很收大效的时候。古人谓一言可以终身行，真有此理。要不是我老师的学问经济，如何能如此一语破的呢？

又曰：我老师的秘传心法，有十九条[32]《挺经》，这真是精通造化守身用世的宝诀。我试讲一条与你听：一家子，有老翁请了贵客，要留他在家午餐。早间就吩咐儿子，前往市上备办肴蔬果品，日已过巳，尚未还家。老翁心慌意急，亲至村口看望。见离家不远，儿子挑着菜担，在水塍上与一个京货担子对着，彼此皆不肯让，就钉住不得过。老翁赶上前婉语曰："老哥，我家中有客，待此具餐。请你往水田里稍避一步，待他过来，你老哥也可过去，岂不是两便么？"其人曰："你教我下水，怎么他下不得呢？"老翁曰："他身子矮小，水田里恐怕担子浸着湿，坏了食物。你老哥身子高长些，可以不致于沾水。因为这个理由，所以请你避让的。"其人曰："你这担内不过是菜蔬果品，就是浸湿，也还可将就用的。我担中都是京广贵货，万一着水，便是一文不值。这担子身分不同，安能教我让避？"老翁见抵说不过，乃挺身就近曰："来来，然则如此办理：待我老头儿下了水田，你老哥将货担交付于我，我顶在头上，请你空身从我儿旁边岔过，再将担子奉还，何如？"当即俯身解袜脱履。其人见老翁如此，作意不过，曰："既老丈如此费事，我就下了水田，让尔担过去。"当即下田避让。他只挺了一挺，一场争竞就此消解。这便是《挺经》中开宗明义的第一条云云。予尚倾耳恭听，谓当顺序直说下去，乃至此已止，竟不复语。予俟之良久，不得已始请示第二条。公含笑挥手曰："这此一条，够了，够了。我不说了。"予当时听之，意用何在，亦殊不甚明白。仔细推敲，大抵谓天下事在局外呐喊议论，总是无益，必须躬自入局，挺膺负责，乃有成事之可冀。此亦臆度之词，究不知以下十七条，尚作何等语法也。

公又言：我老师道德功业，固不待言，即文章学问，亦自卓绝一世，然读书写字，至老不倦。我却愧一分传受不得，自悔盛年不学，全恃一股虚矫之气，任意胡弄，其实没有根底。现在真实学问，已用功不进，只好看看《通鉴》，稍知古人成败之迹，与自己生平行事，互相印证，藉以镜其得失，亦尚觉有点意趣云云。于此正足见公之晚年进德，其虚心笃实为不可及。公又言：国际上没有外交，全在自己立地。譬如处友，彼此皆有相当资格，我要联络他，他亦要联络我，然后够得上"交"字。若自己一无地步，专欲仰仗他人帮忙，即有七口八舌，亦复无济于事。我从前初到上海，洋兵非常居奇骄倨，以为我必定全副仰仗于他，徘徊观望，意存要挟。他看见我们兵士外观蓝缕，益从旁目笑，道是一群丐子，如何可以打仗？我一径不去理会，专用自己军队去打。打过几次，他看得有点能力，渐欲凑上前来，我益发不请教他。后来连打胜仗，军声渐整。见我不求他助，反觉没得意思，再三来告奋勇。我谓帮我打固是甚好，但须受我指挥节制，功赏罪罚，一从军令。彼亦一一认可，然后用之。果然如约服从，成了大功，戈登亦得盛名。我若自己军队不济，他决不肯出力相帮，否〈则〉亦成喧宾夺主之势，不知要让他占了多少便宜。但当时还可独当一面，自由作主，又有我老师主持其间，所以能完全收效。后来地位虽高，却反无一事可以自主。内外牵掣，无过已算侥幸，安能更望有功耶？

公又言：今人多讳言"热中"二字，予独不然。即予目前，便是非常热中。仕则慕君，士人以身许国，上致下泽，事业经济皆非得君不可。予今不得于君，安能不热中耶？未几，以贺英〔俄〕皇加冕出使，并顺道游历各国。以公之身分名位，此等使差，并不算一回事。然公意颇似非常愉快，尝向予等作得意语曰："我办外洋交涉数十年，不敢谓外人如何仰望。但各国朝野，也总算知道中国有我这样一人，他们或喜欢与我见面谈谈，也是普通所有之事。究竟耳闻不如目见，我亦借此周历一番，看看各国现象，可作一重底谱。在各国尚有许多老友，昔年均柄过国政，对手办事，私交上颇相投契的，现在多已退老山林，乘便相访一遭，亦是快事。启节时，予等有十数人送之登车，时车站尚在马家堡[33]，离城二十余里。是日，适有大风，扬沙撼木，车行极为困顿。抵堡时[34]，有大、宛两县在此办差，就一民房外加扎天棚，即于棚中设席，合尊促坐。棚摇摇震撼作声，如欲拔地飞去。飞尘眯目，席间盘盂杯盏，悉被掩盖，几无物可以下箸。而公高谈健食，意兴豪举，谓：吾自少年以至现在，凡有出门行动，非狂风即暴雨。海行则无一次不遇惊涛骇浪，不知何故。众或谀言：中堂丰功盛德，所以雨师风伯，皆来祖道。公笑谓：此则不敢。但吾当亦不至获罪于天，何以节节与我为难耶？频行，复环顾曰："承诸君远道相送，厚意殊可感。予此次乃舆榇而行，万里长途，七旬老物，归时安必能与诸君重见？惟望努前力〔力前〕程，各自珍重。"众乃谓中堂精神矍铄，将来尚须主持国是，重作一番伟业。公亦笑而颔之，语虽沉痛，而神气并不沮丧，所以卒能平安返国，重膺柄用，式洽当时颂祷也。

公平日神态和煦，语气亦甚肫挚可亲；而有时乃极严重，真有望之俨然即温言厉之致。其督直隶时，予曾与一卸任知县同见。公问其在县有何政绩？其人曰："卑职识浅才迁，以勤补拙，不敢遽言政绩，惟裁革陋规一事，差觉为地方除一弊政耳。"公问何项陋规，何时裁革，何以我未见过该县详报？曰："某项陋规，每年可得一千数百串，向来均无报销。卑职以为，例外收入，法所不应，故决计为之裁革。业于日前通详大宪，日内当可上达钧览。"公即怫然变色曰："尔在任已两年有余，何以早不裁革，乃于临卸任始行详报？这明明是卖陋规，何谓裁陋规？贪壑已填，乃侵攘后任之所得，以博倍价而市美名，既玷〔玷〕官方，亦乖道谊，居心可谓巧诈。此种伎俩，岂能向我处尝试？我即日派委查办，如查得情实，立予揭参，不尔贷也！"其人赧然不能答。闻后来委查结果，果系于临去时向纳规者通说，要纳数倍之入，而以永远裁革，具文详报者。此令旋登白简[35]，闻者莫不称快。

公在直督时，深受常熟[36]排挤，故怨之颇切，而尤不惬于项城[37]。在贤良寺时，一日项城来谒，予亟避入旁舍。项城旋进言：老师[38]再造元勋，功高汗马。而现在朝廷待遇，如此凉薄，以首辅空名，随班朝请，迹同旅寄，殊未免过于不合。不如暂时告归，养望林下，俟朝廷一旦有事，闻鼓鼙而思将帅，不能不倚重老臣。届时羽檄征驰，安车就道，方足见老成声价耳。语未及已，公即厉声呵之曰："止！止！慰廷，尔乃来为翁叔平作说客耶？他汲汲要想得协办。我开了缺，以次推升，腾出一个协办，他即可安然顶补。你告诉他，教他休想！旁人要是开缺，他得了协办，那是不干我事。他想补我的缺，万万不能！武侯言'鞠躬尽瘁，死而后已'，这两句话我也还配说。我一息尚存，决不无故告退，决不奏请开缺。臣子对君上，宁有何种计较？何为合与不合？此等巧语，休在我前买〔卖〕弄，我不受尔愚也。"项城只得俯首谢过，诺诺而退。项城出后，公即呼予相告曰："适才袁慰廷来，尔识之否？"予曰："知之，不甚熟。"曰："袁世凯，尔不知耶？这是真小人！他巴结翁叔平，来为他作说客，说得天花乱坠，要我乞休开缺，为叔平作成一个协办大学士。我偏不告退，教他想死！我老师的挺经正用得着，我是要传他衣钵的。我决计与他挺着，看他们如何摆布？我当面训斥他，免得再来啰唣。我混了数十年，何事不曾经验，乃受彼辈捉弄耶？"予见其盛气之下，至不敢更进一语。盖项城先固出公门下，颇受奖植。此时公在闲地，而常熟方得权用事，不免有炎凉去就之世故，故因怨常熟而并及之。其一时忿语如此，盖蓄之已久，非一朝夕间事矣。

有一次，尤使项城难受。公自出使回国后，驻节天津，尚未复命。予与直省印委候补人员同起进见。其时，项城已授直臬，尚未到任，专任练兵，以监司资格，当然首领班列。入坐后，寒暄数语，项城即面陈练兵事宜，谓现在部署粗定，德教习亦已选聘，日内订立合同。词尚未毕，公即勃然变色，举所持手杖，连用力顿地，砰硠作响，曰："吒！小孩子，你懂得什么练兵，又是订什么合同？我治兵数十年，现在尚不敢自信有何等把握。兵是这样容易练的？难道雇几个洋人，扛上一杆洋枪，念几声'横土福斯'³⁹，便算是西式军队么？"项城至面赪不能语。同班中皆直省僚属，甚难为情，群俯首不敢相顾视。盖项城时已隆隆然暂〔崭〕露头角，公若有意挫折之者。真可谓姜桂之性，老而愈辣矣。

公自出使回国后，常自持一手杖，顷刻不释，或饮食作字，则置之怀中⁴⁰，爱护如至宝。此手杖亦颇有一段历史。先是公任北洋，有美前总统某君⁴¹（忘其名）来华游历，公宴之于节署。美总统携杖至，公即接而玩之，反复爱弄不忍释。美总统似知其意，由翻绎传语曰："中堂爱此杖耶？"公曰："然。此杖实可喜。"总统曰："中堂既爱此，予本当举以奉赠。惟此杖为予卸任时，全国绅商各界，公制见送，作一番纪念者。此出国民公意，予不便私以授人。俟予回国后，将此事宣布大众，如众皆赞可，予随后即当奉寄致赠，用副中堂雅意。"公委曲谢之，后来亦遂不相闻。此次公游历至美，闻某前总统已故，其夫人尚在，独居某处。

公特以旧谊前往访问，夫人甚喜，即日为公设宴，招致绅商领袖百余人列席相陪。席散后，夫人即把杖立台上，当众宣告，谓：此杖承诸君或其先德，公送先夫之纪念物。先夫后来旅游中国，即携此同行。当时李先生与先夫交契，见而喜爱。先夫以出于诸君公送，未便即时转赠，拟征求诸君同意，再行邮寄。未及举办，先夫旋即去世，曾以此事告予，嘱成其意。辗转延搁，已隔多年。今幸李先生来此，予敬承先夫遗嘱，请命于诸君，是否赞同此举，俾得为先夫完此夙愿。于是满堂宾客，一致欢呼拍手，夫人遂当众以双手举杖奉公。公以此更为得意，故爱之独挚。此杖首间镶有巨钻，大逾拇指，旁更以小钻石环之，周围如一钱〔线〕，晶光璀璨，闪闪耀人目。通体装饰，皆极美丽精致，殊不识是何质干，闻亦一种绝贵重之材料。据言以价格论，至少当值十数万金。其实公当时不过视同玩物，殊未辨其价值轻重，而美总统如此慷慨，亦属难得。此事与季子挂剑一段故实，颇约略相似，而一死一生，恰复易地相反。难得有此夫人，从中玉成，千秋佳话，中外辉映，可喜也。

予于贤良寺时，伺公最久。出使回国后，亦数数见面，随时出入。未几，公即总制两粤，予亦就任怀来，南北暌离，无缘晋接。然每意〔忆〕经年共处，声音笑貌，历历在目。此次天南返节，重镇畿疆，方喜随扈入都，可以重瞻色笑。不意大勋未集，梁木先颓，万古云霄，感痛宁有极耶？

本日内阁奉上谕："朕钦奉慈禧端祐康颐昭豫庄诚寿恭钦献崇熙皇太后懿旨，大学士一等肃毅伯直隶总督李鸿章，器识渊深，才猷宏远，由翰林倡率淮军，戡平发、捻诸匪，厥功甚伟，朝廷特沛殊恩，晋封伯爵，翊赞纶扉。复命总督直隶，兼充北洋大臣，匡济艰难，辑和中外，老成谋国，具有深衷。去年京师之变，特派该大学士为全权大臣，与各国使臣妥立和约，悉合机宜。方冀大局全定，荣膺懋赏，遽闻溘逝，震悼良深。李鸿章着先加恩照大学士例赐恤，赏给陀罗经被，派恭亲王溥伟带领侍卫十员，前往奠醊。予谥文忠，追赠太傅，晋封一等侯爵，入祀贤良祠，以示笃念荩臣至意。其余饰终典礼，再行降旨。钦此。"此虽照例文字，然当时流离道路之中，天下宗周，人心思汉，王言纶綍，犹为人所重视。秉笔者亦尚能称情达意，悱恻动人，捧读之余，不觉为之感泣也。

二十八日，辰刻自荥阳启銮，行三十里至赵村尖。予于宫门侍班后，即前驱四十里至郑州。未至五六里间，有一车迎面而来，渐近视之，则隶召南观察也。观察上年任湖北荆宜施道，予抵鄂中，屡以书邀予前赴宜昌 [42]，设宴款待，异常殷挚，并致厚贶。正在席间畅饮，忽得急报，乃为鄂抚于中丞 [43] 参劾罢职，令人为之意索。此次盖由京来此迎銮者。

奭为荣相门人，此来实受荣意，藉图开复，荣并嘱予于内奏事处为之左右。当晚间驾至郑州，有旨驻跸二日。

二十九日，仍驻跸郑州。召见奭良。先是驾至汜水，升中丞迎驾后即乘马先行。忽有大车并轨奔驰，直冲前道，当令拿住。讯姓名，坚不肯说，即责以四十鞭。那王[44]以前隙乃奏参升允擅行鞭责宗室侍卫，盖此人固宗室侍卫，名海鸣。升亦奏辩，上派礼王[45]查复。本日奉谕：侍卫海鸣不应乘车奔驰，又不声明宗职，咎有应得。那彦图并未查明实情，率行具奏，迹近报复。该抚尚未查讯明白，即事鞭责，亦有不合。升允着交部察议。此后如有官弁、太监人等恃强滋事，仍着升允、松寿随时据实参办，不得因此案稍涉瞻徇云云。此案当时各报纸纷纷议论，大都右升而恶那，谓不应加升以处分。但那已被议在先，海又被责，受亏在前，亦藉此以平之也。

三十日，仍驻跸郑州。奉上谕：降调荆宜施道奭良，着开复降调处分，以道员发往江苏，遇缺即补。合浦珠还，予为之忻贺不置。是日，奉旨蒙赏予袍褂料，并燕窝、鱼翅、莲子、大枣、藕粉等食物。

十月一日，辰刻自郑州启銮，行三十里至圃田尖。更行四十里，申刻至中牟县驻跸。

初二日，辰刻自中牟县启銮。行三十里至韩庄尖，已入祥符县境。更行四十里，申正抵开封省城驻跸。阖省文武，均于城外迎驾。行宫陈设极壮丽，入内瞻仰一周，俨然有内廷气象矣。是日，庆邸自京师来此，当即召见，垂询都中情状甚悉，良久，始退出。见予即呼至朝房，匆匆慰劳数语，予见其忙冗，亦即告退。本日谕：奉懿旨，皇太后万寿典礼，概行停止。

由河南府洛阳县周南驿，至现在开封府祥符县大梁驿，计程四百五十里，沿途共历八天。

初三日，驻开封。召见庆王，庆以李相遗疏递上。上谕：奉懿旨，略谓上年京师之变，该大学士忠诚坚忍，力任其难，宗社复安，朝廷攸赖。近日因病，迭经降旨慰问，该大学士力疾从公，忠靖之忱，老而弥笃，乃骤患咯血，遽尔不起。难危之交，失此柱石重臣，曷胜怆动〔恸〕，前已加恩云云。着再赏银五千两治丧。立功省分，建立专祠，政功战绩，宣付史馆。伊子李经述，着赏给四品京堂，承袭一等侯爵；李经迈着以四五品京堂用；李经方服阕后以道员遇缺简放。伊孙李国杰，着以郎中即补；李国燕、李国煦着以员外郎分部行走；李国熊、李国焘着赏给举人，一体会试云云。忠勋遗荫，泽被一门。文忠之功固伟，朝廷之报亦隆，叠祉稠恩，有加无已。呜呼，可以劝矣！

初四日，仍驻开封。召见庆王。是日，奉谕：刑部尚书着张百熙调补，葛宝华补授工部尚书。又谕：户部右侍郎着陈邦瑞调补，刑部右侍郎着沈家本补授。

初五日，仍驻开封。召见庆王。上谕：奉懿旨，奕劻着加恩在紫禁城内乘坐二人肩舆。普通皆用上谕，惟文忠及庆邸恩命均称懿旨，殆以旧勋宗望，特示优崇之意耶！

初六日，仍驻开封。连日均召见庆邸。是日，乃请训回京。午后，予往谒送，谈及彼去年在怀来养病，予照料如何周至，极示感谢。并称予对于两宫之忠诚尽职，至以"疾风知劲草，板荡识忠臣"之语相奖，转令予为之报报也。初七、初八、初九日，均驻跸开封。

初十日，仍驻开封。皇太后万寿，百官皆蟒袍补服，诣宫门外排班，行朝贺礼。午刻，司房太监首领传旨颁赏。予蒙赏给大缎二匹，江绸袍褂料一卷，并蒙加赉橄榄、鱼翅、燕窝、桂圆、藕粉、蜜枣糕等食物多品。衣料尚为例赏，余物向惟亲贵大臣始得沾溉，予亦与及，可为逾格异数。慕韩观察时与王稚夔京卿同在军机处译电，寒夜服务，手僵指冻，甚为辛苦，乃此次竟未之及。予偶言之于李监，即蒙补赏匹头二件。予由司房代为领出，李监并当面慰劳之。

是日，李浩斋丙吉自京师来。新援例入官，以直隶州分发直隶，此次由直隶承办皇差，总局派在宫门伺应。李君系予怀来任内延订幕友，履任时，为予接受前任交代，嗣就他聘，乃举孙鹤巢明经自代。予去年仓猝随扈，后任未至，一切城防筹办及后来交代事宜，均由孙君代任其事。会计友王君济卿佐之，忠诚恳挚，极为得力。今王君已纳粟入官，得有差事。李、孙二君，亦同来大梁。劫后重逢，悲喜交集，连日沽酒畅谈，常至子夜。予仍延订孙君入幕，同赴广东，承欣然允可，为之快慰。

十一、十二、十三、十四日，均驻开封。

十五日，内阁奉上谕，略谓：政务处奏请饬各省速办学堂等语，建学储才，实为当今急务。查袁世凯所奏山东学堂事宜及试办章程，其教规程课，参酌中西，而谆谆于明伦理、循理法，尤得成德达材、本末兼赅之道。着政务处即将该署督原奏并单开章程，通行各省，立即仿照举办云云。此一道上谕，实为吾国兴学之滥觞，不可谓非学界中一重掌故，亦数典者所当及也。

十六、十七、十八、十九日，均驻开封。

十月二十日，仍驻开封。是日，上谕：奉懿旨，溥儁着撤去大阿哥名号，立即出宫。加恩赏给入八分公衔俸，毋庸当差云云。此事予前在西安面奏，太后曾有"尔且勿说，到开封即有办法"之谕，予以为一时权应之语，事过即忘。至此，果先自动撤废，足见太后处事之注意。闻溥儁性甚顽劣，在宫时，一日德宗立廊下，彼突从背后举拳击之，德宗至仆地不能起，以后哭诉太后，乃以家法责二十棍。如此行径，何能承宗社之重？如废立早行，此次更不知闹成何等世界也。平日对诸宫监，亦无体统，众皆狎玩而厌恶之。奉谕后，即日出宫，移处八旗会馆。太后给银三千两，由豫抚松寿派佐杂三员前往伺应。随身照料者，只有一老乳媪。出宫时，涕泪滂沱，由荣中堂扶之出门，一路慰藉，情状颇觉凄切。宫监等均在旁拍手，以为快事也。

二十一日，仍驻开封。是日，奉谕：派庆邸等会同前步军统领看视紫禁城值班兵丁奖赏。

二十二日，仍驻开封。

二十三日，仍驻开封。是日，奉上谕：安徽巡抚着聂缉椝〔槼〕**46**调补，恩寿补江苏巡抚，陈夔龙署漕运总督。

二十四日，仍驻开封。是日，奉谕：明年会试，着展至癸卯举行；顺天乡试，于明年八月间暂借河南贡院举行；河南本省乡试，着于十月举行；次年会试，仍就河南贡院办理。在如此仓皇播越之中，而对于下年之乡、会试，尚复兢兢注意，足见当时视取士之典，尚为郑重，犹有汲汲求贤之遗意也。

二十五日，仍驻开封。是日，奉上谕：核定学堂选举奖励章程。学校毕业之有举人进士名目，即始于此。

二十六日，仍驻开封。召见升允。盖升帅预备恭送启銮后，即自开封回任也。

二十七日，仍驻开封。

二十八日，仍驻开封。是日谕：奉懿旨，以回銮在即，班赏有功人员。李鸿章着再赐祭一坛，伊子李经迈以三四品京堂候补；庆亲王奕劻，赏食亲王双俸；大学士荣禄，赏戴双眼花翎，并加太子太保衔；王文韶赏戴双眼花翎；两江总督刘坤一加太子太保衔；湖广总督张之洞、〈署理〉直隶总督袁世凯，均加太子少保衔。余如联芳、那桐、张翼、周馥等，均升赏有差。

二十九日，仍驻开封。

三十日，仍驻开封。召见醇王，赐膳。

十月初一日，仍驻开封。是日，奉上谕：盛宣怀、赫德均赏加太子少保衔。外人加宫保衔，于此为创典矣。

初二日，仍驻开封。召见醇王、升允。

自西安以至开封，予奉命办理前站，对于所过地方承应官吏，无不为之格外斡旋。因皆浼予提点一切，凡遇为难之处，予悉为之负责，执事宫监亦不敢十分挑剔。在地方既省无数烦费，而差事转易就绪，因皆感激不置。予若仿岑办法，与内监联络一气，本可以大有生发，而予丝毫不敢有所沾溉。即从人夫役，均刻意检束，不敢稍招声气。至陕州时，晤颜小夏观察由湘中解送贡品来此，一见即握手曰：君充偌大差使，顶括括的吴大人，吾谓必辉煌显赫，无人不晓。乃到处找问，竟似若有若无、不甚知道的光景。热官冷做，难为君做到如此无声无臭，真令我五体投地矣。然予竟以此故，赔累至数万金，反搅成满身债负。处膏不润，在旁人咸笑为大愚；不过反之于心，固聊觉安帖无愧耳。

随扈诸亲贵内监，于予虽勉强对付，尚无恶感。然总觉事事夹在其间，为彼障碍，致不能有所生发。枢臣中亦皆嫌予木强迂腐，不善逢迎仰体，总得离开辇道为快。内外合谋，又似前在太原光景，不知如何摆布，竟入彼辈彀中矣。

车驾自开封启跸之前数日，忽自内廷传旨：吴永着迅赴广东新任，毋庸随扈云云。予奉命之下，始知受彼等排挤。但念既无所图利，亦无所瞻恋，跳出是非窠，于计亦得。遂将募雇夫役马匹，一一解散，结束经手事件，预备即由开封挈眷言迈矣。

俞梦丹君启元，亦同在"毋庸随扈"之列，彼系以道员分发江苏。同日，于便殿召见。太后意殊惓惓，谕谓：尔两人患难相从，跋涉数千里，异常劳苦。今回銮各事，具有端绪。此去京师，为途已近，途中亦无甚事可办，徒累尔等重滋劳费，予心甚感不安。所以且令毋庸随扈，藉可稍资休

息。惟是相处日久,一旦遣去,殊觉难堪耳。稍停,又曰:
吴永,汝忠勤可嘉。汝今远去,予实非常惦念。言次,以绯
色绉帕频频拭泪。复言:古人君臣知遇,辄称感激涕零,今
始知并非虚话。想汝此去,心中当亦未能释然,此真够到资
格矣。但予亦不得不放汝去。言下之意,似谓此事出于军机
主张者。继又曰:汝且先到任亦好。吾知一年以来,汝亦尽
够赔累矣。启元,汝亦可料理引见到省,此是正经事。予两
人均叩头谢,旋奉恩赏御笔"福"字各一方,银各千两。予
又蒙皇太后特赏太夫人御笔"福"字一方。恩意稠叠,令人
不能不生感激。太后意谓粤中著名繁富,一经到任,即可满
载,可以藉资弥补。不知广东道缺,自张文襄 [47] 裁撤规费
后,癃瘵已甚。雷琼道每岁所入,实不过一万一千金;高
廉、惠潮等缺,仅七八千耳。

予虽奉命赴任,然仍谕俟大驾启跸再行。即以人情论,
一切差务亦不能便尔弃置勿顾。一方自饬行事,一方又须兼
顾宫门。此两日中,上自两宫、王公以及随扈大臣、宫监、
部署司员,均须检束行李。全城纷扰,一如在西安启銮时。
打捆者,扛抬者,传夫者,索马者,纷纷扰扰,喧呶不绝。
地方办差人员,无法应给,以予接洽有素,仍事事向予晓
聒。而自己又须趁此赶办赴任手续,领文凭,谒吏部,公私
交迫,忙碌殆不可言状。是时,大冢宰为寿州孙公家鼐,少

宰为浙江陈公邦瑞[48]，司员则丁君衡甫、蒋君稚鹤也。

十一月初三日，天气忽变，风霰交作。予念明日为启銮之期，万一风雪不止，非特扈送人员诸感困难，且虑黄河浪涌，銮舟不得安渡，则千乘万骑，顿滞河干，势将无法安置。在事人员大率同抱此杞〔杞〕忧，但又不得不照旧预备。是日中，予冲风冒雪，往来奔走，几无顷刻停趾，至竟夜不得休息。视天色向曙，始拨冗趋赴荣相寓邸，一行辞别。盖荣相待予颇厚，彼北辙而予南辕，自兹一别，动经年岁，不能不一申临歧之意也。荣相亦正备启程，乘舆已驾，门内外均鹄立伺候。匆促出见，词意甚殷渥，谓："君既定南向履新，咱们异日须在都中把晤矣。"予谓："岭海万里，从此瞻天路远，正恐趋侍无期。"曰："这何至此？"予曰："道缺循例须六年俸满，始可送部引见。法令所定，安能自由？"曰："尔尽放心前去，要回京都，这还不容易么？早则年底，迟则明春，准可在都相见。暂时小别，勿惓惓也。"予伺送之升舆，立即飞驰出城，至黄河岸口，勘视挐道船渡。适瞿大军机随后至，于黄幄外相值。瞿曰："渔川何来？"予谓："来此照看河渡。"瞿又问："曾见荣相否？"予曰："适从荣相寓中来。"曰："荣相何言？"予曰："匆匆并无他语。"瞿曰："总有数语。"予即以所言者具述之。瞿即含笑点首曰："好，好。既是荣相说过，且晚许可陛见，那是准靠得住的。大喜，大喜，今年内定可回京相见也。"盖予彼时全不识官场机械，直心爽口，一无隐讳。不意瞿固疑予厚荣相而薄于彼，以此探予，予顷所言，适触其忌。后来，瞿之屡相阻厄，其几即始于此。少年粗率，自招其咎，真俗所谓冒失者也。

注释

1　锡良（1852—1917）：蒙古镶蓝旗人。巴岳特氏，字清弼。同治进士。慈禧太后、光绪皇帝西逃时，在山西迎驾，升任山西巡抚、东河总督。

2　1943年本作"汉黄德道兼江汉关监督为岑公春蓂"。

3　召公指奭良（1851—1930）:字召南，满洲镶红旗人，裕瑚鲁氏。民国时期应清史馆总裁赵尔巽聘，协修《清史稿》。时任湖北荆宜施道。

4　1943年本作"忽闻奭公"。

5　1943年本作"绿头签"。

6　张百熙（1847—1907）：湖南长沙人。字埜秋。同治进士。曾任管学大臣、主持京师大学堂。谥文达。

7　罗某系江苏粮道罗嘉杰。

8　联元（1838—1900）：满洲镶红旗人，崔佳氏。字仙蘅，同治七年进士。时任内阁学士。因昌言反对围攻各国使馆触怒慈禧太后，不久以“任意妄奏、语涉离间”罪名与徐用仪、立山等一同被杀。

9 指《千金肘后方》，东晋医家葛洪所著。

10 1943 年本作“载滢”。

11 1943 年本作“大伙才到稍稍聚集”。

12 “兰槐之根是为芷，其渐之滫（xiǔ，酸臭），君子不近，庶人不服。”语出《荀子·劝学》，意为兰槐的根是香艾，浸入泔水里，君子和平常人就不佩戴它，寓意远离邪僻。

13 慕韩总揆指孙宝琦。孙宝琦（1867—1931），字慕韩，浙江杭州人，其父孙诒经为同光时期重臣。庚子事变后在西安随扈侍驾办理军机处电报房事务。后曾出使法、德等国，历任帮办津浦铁路大臣、山东巡抚。民国成立后曾以外交总长兼代国务总理。

14 升允（1858—1931）：字吉甫，蒙古镶黄旗人，多罗特氏，时任陕西巡抚。后因反对立宪被革职，武昌起义后被重新启用。清帝逊位后升允作为“宗社党”骨干进行复辟活动。

15 松寿（1849—1911）：字鹤龄，满洲正白旗人，佟佳氏，时任河南巡抚。后历任热河都统、闽浙总督，武昌起义爆发后，福建新军相继起义，松寿镇压失败自尽。

16 1943 年本作“吴树棻”。

17 1943 年本作“向有”。

18 1943 年本作“掯不肯发”。

19 张香涛制军即张之洞（1837—1909），字孝达，号香涛，原籍
直隶南皮，晚清洋务派重臣。时任湖广总督。

20 1943年本作"连日仆仆长道"。

21 1943年本作"此函竟重出，不知何时散落外间"，据此补。

22 吉帅指升允，字吉甫。

23 文悌（？—1900）：满洲正黄旗人。瓜尔佳氏，字仲恭。戊戌
变法时，上书攻击保国会，奏劾康有为，曾被光绪帝免职。后任河
南知府、都察院御史。

24 于次帅指于荫霖。

25 汪大燮（1859—1929）：字伯棠，浙江钱塘（今杭州）人。清
光绪举人。后考上总理衙门章京。历任留日学生监督、外务部左参
议、驻英公使等。入民国后，曾任教育总长、代国务总理、国务总
理等职。晚年致力于慈善事业。

26 桂春：满州正蓝旗人。字月亭。历任甘肃按察使、太常寺卿、
礼部右侍郎、户部左侍郎。

27 李阳冰（722—789）：字少温，唐代赵郡（今河北赵县）人。
著名的书法家，篆书出神入化。传世的书迹有《云城隍庙碑》《怡
亭铭序》等。

28 汪士鋐（1658—1723），字文升，号退谷，江苏长洲（今苏州）
人，清代书法家、藏书家。

29 《圣教》即《怀仁集王圣教序》，全称《怀仁集晋右军将军王

羲之书圣教序》。唐玄奘自印度取经返长安后译出多种经文。唐太宗亲自撰序，长安弘福寺沙门怀仁从唐内府藏王羲之遗墨中集字、刻制成碑。

30　1943 年本作"龁龁"。

31　1943 年本作"打成几个窟笼"。

32　1943 年本作"十八条"。

33　1943 年本作"送之出东便门，在于家卫午尖"。

34　1943 年本作"抵卫时"。

35　白简，弹劾的奏章。

36　常熟指翁同龢。

37　项城指袁世凯。袁世凯（1859—1916）字慰亭，河南项城人。

38　1943 年本作"中堂"。

39　halt-falls 的音译，大意是立正、稍息。

40　1943 年本作"座侧"。

41　指美国总统格兰特（1868—1877 年在任）。1879 年偕夫人来华旅行。

42　1943 年本作"荆州"。

43　于中丞指湖北巡抚于荫霖。

44　那王指喀尔喀亲王那彦图。

45　礼王指礼亲王世铎。

46　聂缉椝（1855—1911），字仲芳、仲方，湖南衡山人。

47 张文襄指张之洞，曾任两广总督（1884—1889 年）。

48 即时任吏部尚书孙家鼐（1827—1909）、吏部左侍郎陈邦瑞（1855—? ）。

庚子西狩丛谈卷之四下

覶园居士笔述

十一月初四日巳刻，两宫圣驾自河南开封行宫启銮。扈送仪节，略如西安。而各省大员多半趋集，或则派员祗候，故人数益多，羽林仪仗，益觉整齐鲜耀。最可喜者，天气忽而开霁，旭日当空，融风四扇，六飞在御，一尘不惊。沿途旌盖飞扬，衣冠肃穆，但闻马蹄车齿，平沙杂沓声，互相应和。出城后，遥望河干，则十里锦城，千军茶火，仿佛如万树桃花，照春齐发。午正，大驾行抵柳园河岸。皇太后、皇上同入黄幄少憩。旋出幄，设香案炷香奠爵，先祭河神。祭毕撤案，即步行登龙舟。文武官员、绅民父老，一体于河岸俯伏跪送。予与粮台诸员共为一起，均随升中丞跪伏道左，仰见太后面有喜色。两宫上御舟后，随扈官员、宫监兵役，以次登舟。旋于舟次传进御膳。时则天宇澄清，波平如镜。俄而千棹并举，万桨齐飞，绝似元夜鳌山，一团簇锦，徐徐移动，离岸北向。夹道军民，欢呼踊跃，举头延伫，望舟傍北岸，方始一同散队，分途遄返。予前时被命赴任，并不感何等觖望。至于此际，则长安日远，目与云飞，依依恋恋之心，殊发于不自觉。人情于友朋久处之后，一时分袂，犹且黯然不释，况于君父。方知古人江湖魏阙，无君则吊，固确有此种情景，并非文人缘饰之词也。

自往岁七月二十四日，在怀来榆林堡迎驾，始获仰见两宫，至于现在，已阅一周岁余三月有一旬。中多奉命奔走，近依行幄者，先后不满五月。自西安启跸，至于本日为止，凡历七十日，计程一千三百余里，殆无一日不在属车之列。无端而合，无端而离，人海抟沙，分皆前定。遇合之缘，殆从此而止；扈从之责，亦即从此而终。渡河以后，一路行程，予皆望尘弗及，不复与闻矣。

按：本编以西狩一事为主干，而渔川随扈回銮，仅至此处为止，故自渡河以后，均未述及，不免使阅者稍感缺憾。适得残书十余页，似系回銮行在之官门抄，自开封至京一段行程，颇为完具，因亟节抄附录于此，俾完首尾。并检他书记载，考其时日，分别附入一二事实以资点缀。仍仿日记体裁，视前后较低二格，用以别于正文[1]。予序中已声明不能衔接之故。排印将及，无意得此，若有意玉成吾书者，滋可喜也。觉园附识。

辛丑十一月初四日 巳刻，皇上奉皇太后由河南开封府行宫启跸。午刻，驾至柳园，祭河神毕，登舟。河南官员不随扈者，均于河岸跪送。旋在舟中进膳。申初舟抵北岸。申正至新店行宫驻跸。

初五日 由新店启銮。申正二刻，至延津县行宫驻跸。

（按：延津属河南卫辉府，古酸枣郡也）。

初六日　驻跸延津。

初七日　由延津启銮。申正二刻，行七十里，抵卫辉府驻跸。（按：卫辉即古朝歌地）。是日，召见总兵朱南穆、道员袁鸿祐，问豫中营伍地方情形甚悉。

初八日　由卫辉启銮。行五十里，至淇县驻跸。

初九日　自淇县行宫启銮，申刻抵宜沟驿驻跸。（按：宜沟驿属淇县境，离县城五十里）。召见陈夔龙。是日上谕：奉懿旨，略开：本月初四日由柳园渡河，天气清明，波平如镜，御舟稳渡，万姓胪欢，实赖河神效灵，自应崇加封号，以答神庥，着礼部具拟云云。又谕：河干供差各员，着松寿查明保奖。水手人等，着赏银二千五百两。

初十日　由宜沟驿启銮，申正抵彰德府驻跸。傍晚传旨：十一日驻一日，定于十二日并站前进，至丰乐镇午尖，磁州驻跸。召见陈夔龙。是日，奉谕：着陈夔龙补授漕运总督。

十一日　驻跸彰德府。

十二日　自彰德启銮，驻跸磁州。召见效曾、陈夔龙。

十三日　由磁州启銮，至邯郸县驻跸。召见大名镇总兵方国俊、大顺广道庞鸿书。是日上谕：奉懿旨，略开：奕劻等奏据大学士功德在民，恳恩建立专祠一折。京师建立专祠，汉大臣皆无此旷典。惟该大学士功德迈常，自宜逾格加恩，以示优异。李鸿章着于京师建立专祠，列入祀典，由地方官春秋致祭等语。

　　按：汉臣于京师向无专祠，足见前时旗汉界限之分明。文华殿向来亦不轻授汉人。惟文忠以资深跻首辅，今又得此，可谓两邀旷典矣。

　　文忠平发平捻，于清室实有再造功。乃晚年屏居贤良寺中，虽挂首辅空衔，实际乃同闲散。抚髀生肉，罗雀当门。前闻渔川所述，可谓侘傺无聊，大有末路英雄之慨。后虽持节粤中，在朝廷亦不过敷衍旧勋，恩眷已薄。假无义和团一段历史，此时一疏告终，一谕优恤，功臣传中，即已从兹结束矣。乃无端忽簸此掀天巨浪，清廷环顾左右，始觉干〔斡〕旋大局，非公莫属。遂汲汲征召还朝，付以全权。承平则庸佞擅其威福，急难则贤哲受其艰危，古今一概，此固极人世不平之事。然公当时若尚留滞京邸，必为端、刚所戕。幸而先期远出，天若预为道地，故慭遗一老以结逊清之残局者。迄和约粗就，公亦骑箕 [2]。清廷以大局尚未十分安全，中流失船，虽觉彷徨罔倚，即一时朝士，亦多作此感想。故对公不胜惓惓，恩纶恤命，至再至三。项城安车再召之言，与公鞠躬尽瘁之誓，至是乃两皆实验。其死也哀，可谓适当其时矣。但有人言公当议和时，外人方挟愤气以相凌，公又处于无可抵抗之势，磋磨条件，极费唇舌。而枢廷犹以公争持不力，责难备至。忍气从事，郁抑过甚，乃至咯血，则晚遇亦甚可伤。然循迹观之，生极宠荣，殁隆报享，君臣一德，恩礼始终，固已成一时佳话矣。

予生平未见文忠，然无意中却有一面，至今印象犹在脑际。前清同文馆即设在总署。予一日偶从馆中偕两教习同过总署访友，经一客厅后廊，闻人声嚣嚣，即从窗际窥之。见座中有三洋人，华官六七辈，尚有司官翻译，皆翎顶辉煌，气象肃穆，正议一重大交涉。首座一洋人，方滔滔汩汩，大放厥词，似向我方诘难者，忽起忽坐，矫首顿足。余两人更轩眉努目以助其势，态度极为凌厉。说毕由翻译传述，华官危坐只听，面面相觑。支吾许久，始由首座者答一语，声细如蝇，殆不可闻。翻译未毕，末座洋人复蹶然起立，词语稍简，而神气尤悍戾，频频以手攫拿，如欲推翻几案者。迨翻译述过，华官又彼此愕顾多时，才发一言。〈洋人〉首座者即截断指驳，其势益汹汹。首末两座，更端往复，似不容华官有置喙余地。惟中座一洋人，意态稍为沉静，然偶发一言，则上下座皆注目凝视，若具有发纵能力。而华官之复答，始终乃只有一二语，面赪颜汗，局促殆不可为地。

予当日见此情状，血管几欲沸裂。此时，忽闻外间传呼声，俄一人至厅事门外报："王爷到。"旋闻足音杂沓，王爷服团龙褂，随从官弁十数，皆行装冠带，一拥而入，气势殊烜赫。予念此公一来，当可稍张吾军。既至廊下，则从者悉分列两旁，昂然而入，华官皆肃立致敬。顾三洋人竟视若无睹，虽勉强起立，意殊不相属，口中仍念念有词。王爷先趋至三客座前一一握手，俯首几至膝上。而洋人傲岸如故，王爷尚未就座，即已厉色向之噪聒。王爷含笑以听，意态殊极恭顺。

予至此已不能复耐，即扯二人共去，觅所识友人，告以所见。吾友曰："中堂在座否？"予曰："吾不识谁为中堂。"曰："李中堂也。中堂在此，当不至是。"予乃约其同至故处。友逐一指认，告姓名，曰："中堂尚未至也。然今日必来，盍再觇之。"予巫盼中堂到。俄顷，复闻呼报，予以为中堂至矣，乃另为一人，仍趋与洋人敬谨握手，即逡巡就坐。予乃大失望。

正于此际，续闻呼报。一从者挟衣包，先岔息趋入，置于门外旁几。吾友曰："此必中堂。"既而中堂果入门，左右从者只二人。才入厅数步，即止不前。此时三洋人之态度，不知何故，立时收敛，一一趋就身畔，鞠躬握手，甚谨饬。中堂若为不经意者，举手一挥，似请其还座。随即放言高论，手讲指画。两从人为其卸珠松扣，逐件解脱，似从里面换一衷衣，又从容逐件穿上。公一面更衣，一面数说，时复以手作势，若为比喻状。从人引袖良久，公犹不即伸臂，神态殊严重。而三洋人仰面注视，如聆训示，竟尔不赞一词。喧主夺宾，顿时两方声势为之一变。公又长身玉立，宛然成鹤立鸡群之象。再观列坐诸公，则皆开颜喜笑，重负都释。予亦不觉为之大快，如酷暑内热，突投一服清凉散，胸间郁火，立刻消降。旋以促饭引去，始终不知所议何事，所言何词。但念外交界中，必须有如此资望，方称得起"折冲"二字。自公以外，衮衮群贤，止可谓之仗马而已。

公此时虽在总署，已无实权。而自外人目中，则独尊公为中朝领袖，盖勋名威望，得之有素，非可以袭取者。昔人谓国家不可无重臣，文、富[3]所以镇外夷，汾阳所以退突厥，亦皆赖此作用。惜清廷不能利用此点，使公得尽其设施。急来佛脚，抱之已迟。然庚子一役，若无公在，更有何人足以当此重任耶？

吾友因为言中堂一到即更衣，我已见过两次，或者是外交一种作用，亦未可知。同人皆大笑之，谓如此则公真吃饭穿衣，浑身皆经济矣。语虽近谑，而推想亦不无致理。汉高踞洗而见郦生，亦先有以慑其气也。庚子难作时，予闻公被召入都，即向人庆慰，谓决有干〔斡〕旋之望，当举此事为证，果如所料。予于文忠，亦庶几可谓之窥见一班〔斑〕者矣。

十四日　由邯郸启銮，申刻抵临洺关驻跸。召见陆宝忠[4]、岑春煊等。奉旨：明日驻跸一天。

十六日　驻顺德府。召见〈署理〉直隶总督袁世凯。因垂询铁路事宜，召见铁路局员柯鸿年等。

十七日　自顺德府启銮，未刻驾抵内邱县驻跸。见袁世凯、松寿、张翼。

十八日　由内邱县启銮，申正抵柏乡县城驻跸。是日，奉上谕：甘肃平〈平〉罗县匪徒伤及教士案内疏防各官，先行革职，勒限缉获。并饬各属教堂教士，认真保护。又谕：奕劻等奏美国使臣请将张荫桓开复等语。已故户部左侍郎张荫桓着加恩开复原官，以昭睦谊。又谕：徐会沣、陈璧奏察看工艺局情形一案，据周馥代奏，已革侍读学士黄思永[5]，请将京师义仓收养游民、创立工艺局招股创办等情，着于京师内外城各设工艺局一区，招绅筹办，由顺天府督率。黄思永所请招股设局，着不准行。

按：张荫桓并未革职，"开复"二字，实无根据。但此犹不过前此上谕中文字之疏漏。中国之官，何以由美使奏请？即使徇美使之请，上谕中亦何必叙明？结尾"以敦睦谊"四字，尤为多赘。开复本国处分人员，于睦谊上有何关系耶？从前因其与外人相识而杀之，杀固杀得无理由；此时又因其与外人相识而复之，复又复得无根据。吁嗟张公！何不幸而与外人相识？抑又何幸而与外人相识耶？

渔川述公遗事，尚有一事未及。谓公在戍所时，忽于门前构造一亭，以此处地势稍高，足资登览。亭成请名，一时思索不得，因适在墙角，遂以"角亭"名之。后来即于此亭行刑。说者谓"角"字为刀下用，谶兆无端而适合。据此言之，则吉凶生死，某时某地，早有前定，冤在夙业，亦无事为公抱屈也。

渔川又言：公临刑之前数时，已自知之。忽告其从子，谓：尔常索我作画，终以他冗不果，今日当了此夙愿。即出扇面二页画之，从容染翰，模山范水，异常缜密，盎然有静穆之气。画毕就刑，即此便为绝笔。此真可谓镇定，盖公之得于道者深矣。

张 [6]、黄两公皆以殿撰而办实业，又皆同时先后措手，提倡颇早，实为吾国工商界中，开一生面。张公创办于南方，黄公创办于北方。顾南通以此立大名，成大业，跻大位，群奉为全国实业泰斗。而黄公先以此故，几蹈不测之诛。回銮以后，风气已转，凡稍习新法者，皆骎骎柄用。而殿撰一蹶之后，竟不复振。观于此谕，若尚含有余愤者，用其策不用其人。直至民国以来，国内谈实业者，亦从不闻道及。幸不幸之相去，何其悬绝若此耶？

十九日　自柏乡启銮，申正抵赵州驻跸。召见正定镇总兵董履高。

二十日　自赵州启銮，申刻抵栾城县驻跸。是日，奉上谕：桂春着开去右翼总兵。

按：桂春当是旗员中漂亮人物。袁忠节疏稿中颇推重之，则其人可知。后来有人谓庄王府中查出册子，带团诸人中列有其名，因此颇将追究。赖庆、荣两人为之疏解，所以仅开去总兵而止。当时，报纸上载有彼致谢庆、荣一信，极力辨〔辩〕白，以带团谕旨中并无其名为根据，谓彼系二品大员，非请旨不能派，不见谕旨之小头目，则于彼不相当云云。所言当系实在，然足见当日之风声鹤唳。前此怕沾染通洋嫌疑，此刻又怕沾染着通匪色彩。彼一时，此一时，大官真不易为也。

二十一日　自栾城启銮，申刻至正定府城驻跸。召见恭亲王溥伟、岑春煊等。奏事处传旨：明后日驻跸二天。是日，奉上谕：二十八日回宫后，即恭诣各祖先殿谒告，并遣官分谒各坛庙及东、西陵。又谕：奉懿旨，东、西陵理应亲谒。着于来春诹吉，率皇帝祇谒，务应破除常格，减节供亿。又谕：奉懿旨，大意系诚饬臣工，以安不忘危，痛除粉饰，君臣上下，同心共济等语。又谕：奉懿旨，回宫后，皇帝于乾清宫择日觐见公使，太后于坤宁宫觐见公使夫人。

按：觐见礼节，历来不知曾废几许争论。此番和议，亦列为重要条件，反复磋磨，颇滋唇舌。此等节目，本无矜持之必要。乃前此看得十分郑重，无论如何不肯将就，此刻乃终于惟命是听，更格外要好，添出夫人一道礼数。受罚不受敬，真不值矣。

二十二日　驻正定。召见夏毓秀、吕本元等。

二十三日　驻正定。召见岑春煊等。是日，奉上谕：将甘肃教案凶犯四人正法，仍严拿余犯。又谕：浙江学政着张亨嘉去。

二十四日　巳刻，自正定府启銮，改由铁路北上。两宫分乘花车，于午正一刻驶抵定州。在铁路公司传备御膳。申刻抵保定府驻跸。

二十五日　驻保定。召见庆亲王、梅东益、郑沅、唐绍仪等。

按：庆王前曾至开封迎驾，复还京师，现又至保定迎驾，并报告和议进行情形及都中情状也。

二十六日　驻保定。召见周浩等。是日，奉上谕：原任户部尚书立山、兵部尚书徐用仪、吏部侍郎许景澄、内阁学士联元、太常寺卿袁昶，该故员等子嗣几人，有无官职，着吏部迅即咨查声复。

按：谕旨所列，皆拳案冤杀之大臣，何其多也！但当时盈廷济济，深知纵拳开衅之大害，而其位分又足以建言者，殆将百倍于此。顾皆隐情惜己，自安缄默。其能批鳞抗议、发抒正论者，乃止有此数公，抑未免于见少矣！可知疾风劲草，固自不易。诸公先已有旨昭雪开复，至现在复有此谕，闻系根于外人之公论、庆王新从京中带来之消息，而汲汲发表者也。误杀忠良，亦国家常有之事。既已是非大著，则褒忠旌直，分当破格优恤，用以惩前失而劝将来。乃反待外人之置词，枝枝节节，若有不得已而为之者，盖孝钦心病所在。只因当日外交舆论多右德宗，乃认定外力消长，即为帝、后权力消长之关键。故疑当时主张剿拳不战之人，皆党于德宗而为彼之政敌，以此始终耿耿。虽迫于众议，勉强湔雪，实非本心。秉笔者揣摩其意，对于此种上谕，皆若吞若吐，使人读之不快。然以孝钦当日之权力，如此不愿，而终不能不出于昭雪。且至于由一而再，则又以见斯民直道之公，本乾坤正气之所宣泄，其潜力又远出于专制君主之上也。

二十七日　驻保定。召见绍昌、张莲芬、杨士骧、马金叙等。

二十八日　十点二十五分，自保定行宫启銮。铁路局特备火车一列，共二十二辆。计上等花车四辆，皇上、皇太后各用二辆。又上等客车一辆，皇后御用。其余各宫嫔及亲王、大臣、福晋、命妇、内监，分乘各车。花车中均以黄貂绒、黄缎铺饰。所有御用磁器碗盏，均由盛宣怀预备呈贡，上皆有"臣盛宣怀恭进"字样。车站两旁，扎有彩棚三十座，前两棚为直隶督宪、监司候送休息之处，余皆以印委官一人主之，备送迎官员憩候。开驶时，军队擎枪奏乐。十一点二十五分，驾抵丰台。接驾各京官暨铁路洋员，均于站次迎迓。车停一刻钟，于十一点四十分开行。十二点正，抵马家堡车站。先期由步军统领衙门、顺天府五城御史拟定迎銮王公、百官、绅民、营队等接驾处所，绘图贴说，呈经庆邸阅定，由内阁留京办事处进呈御览。计分画如下：

黄幄迤西　自芦沟桥至丰台、马家堡，由马提督、姜提督兵队接连沿途跪接。自丰台至正阳门，由步军五营兵队分段跪接。

黄幄迤东　自马家堡至永定门外，由左右营弁兵、五城练勇分段跪接。

黄幄南向　全权王大臣　军机处　留京办事大臣　跸路大臣　内务府　三院　銮仪卫　侍卫处　顺天府　五城街道　各衙门

永定门内东至天桥　王　贝勒　贝子　公爵　宗人府　中书科　吏、礼、刑三部　理藩院　通政司　翰林院　詹事府　大〔太〕仆寺　鸿胪寺　钦天监　八旗都统　各衙门

永定门内西至天桥　王　贝勒　贝子　公爵　内阁

外、户、兵、工四部　仓场　都察院科道　大理寺　太常寺
光禄寺　国子监　八旗都统　各衙门

八旗十二固山参佐领、护军统领、火器营、键〔健〕锐
营、圆明园、护军营，以上各官弁均排列石路东西跪接。

绅士排列石桥迤北一带，候补官排列天桥迤北一带，废
员排列东西珠市口迤南一带，耆民排列东西迤北一带，五城
练勇分列大栅栏、鲜鱼口、打磨厂、正阳桥各地。

火车抵马家堡，稍停，旋见军士擎枪奏乐，两宫先后
下车。皇上御八抬黄缎轿，异轿夫均穿紫红色缎绣花衣，四
围由侍卫、内监拥护，轿前排列兵丁、乐工、大旗；次为御
用之衣箱、马匹、驼轿；次为骑马从人；次弓箭手、长枪
手、马步兵。皇太后黄轿仪仗，均与皇上相同。又次则为各
亲王、宫嫔，由马军门玉昆拥护。殿以皇后，同御黄缎轿，
仪仗随从，视两宫稍减。宫嫔则用绿轿一顶，马车六辆。末
后车马甚多，大抵皆随扈官员，内有穿黄马褂者八人。西安
启銮前数日，四军机均赏黄褂，在开封又特赏数人，大约均
备回銮仪饰之需。既入永定门，遵新修御道，缓缓而行。日
映鸾旗，风吹羽盖，天仗极为严整。沿途文武官弁，鸳班鹭
序，东西衔接，皆鞠躬俯伏，肃静无声，但闻马蹄人迹，络
绎不绝。约未正五十分，始抵正阳门。尚有留京洋兵，同在
城上观看，有脱帽挥拂以示敬礼者。太后在舆中仰视，似以

含笑答之。大驾一直进大清门。未初，入乾清宫，即先诣关帝庙行礼。从官仪仗，始各以次散队。经年播越，劫后归来，城郭依然，人民如旧，两宫此际不知作何感想耶?

大驾既已北上，予乃一意南行。自柳园送驾回省，即打叠赴粤之事。部署十余日，行事粗饬。乃以是月十五由开封挈眷南行，取道尉氏、襄城、许州、叶县，以二十三日抵南阳府。时沿途各地，颇多盗警，承襄阳道余观察派马队八人前来护送。惟南阳境内较为安静。今总揆之太翁洁泉先生 **7** 时方任南阳令，闻为政极仁厚，而缉捕独勤，故南阳人民异常爱戴，途中所过村落市肆，均啧啧称颂不置。予到南阳，正以捕盗下乡，次日回署，始获晤谈，极为欣惬。闻又捕得剧盗数人，盖平时布置周密，民乐为用，来即破获。故以后群盗相戒不敢入南阳境。闻先生历任繁剧，悉皆如此，当时河南全省州县，称治行第一。宜其积善庆门，缦龄骈祉，遐福固未艾也。

自河 **8** 阳启程，过新野、襄阳，入湖北境。余观察先遣人邀寓道署，予谢不往。仍挈内眷入署，晋谒太夫人。盖予上年续娶，本由观察作伐也。在襄阳住五日，获晤各当道，谈宴极欢。旋改从水道行，由襄阳雇舟，直至汉口。过武昌小住，遂即浮江东下，竟在轮舟中度岁。以壬寅元旦，始泊椗〔碇〕上海。抵上海未几，即感病颇剧。盖积劳经年，至是并发，故淹缠不得速愈。直至是年五月初，始稍稍痊可。乃由沪附轮抵省，中途延滞，已将半载矣。

是时，粤督为陶文勤公模[9]，巡抚为静山德寿[10]。予谒见督抚后，始知高廉钦道信勤，调补雷琼道，予即补其遗缺。随即奉文到任。高廉道驻高州，与广西接界，寇盗充斥，极为难治。予在任三年，幸无陨越。已而调署雷琼，旋即补实。未及一年，又奉旨调授惠潮嘉道。予初未有丝毫活动，无端改授，不知何故。殆上意以为潮州膏腴之地，藉示调剂。不知潮州府乃为著名优缺，至道缺所入，仅与高廉等，尚不如雷琼也。

予久任边缺，地偏心静，亦颇安之若素。属僚朋旧中有知予事者，均极力怂恿，谓：难得有此恩眷，若稍尽人事，封疆旄节，操券可得。否则主眷虽厚，而左右莫与为助，因循延误，或且终成画饼，岂非辜负？现在朝局已成互市，无价之物，终不可得。难得公根柢如此，较之他人，定当事半功倍。小往而大来，倍称之息，何乐不为？予曰："知之。但予守此瘠区，自给不暇，何处得金而羣之？"则曰："此甚易集。公如有意，某等均可为力。"盖当时各地票号皆殷实，喜作此等营干，择人而饴之，贷巨本以图厚息。以予为希望最大之主顾，若挪移一二十万，立可允许，且有相兜揽者。予皆委婉谢却之，曰："诸君盛意良厚，但予家世儒素，不敢图非分富贵。今虽一麾久滞，然较之广文苜蓿¹¹，为幸已多。但盼能安常守顺，尽吾职事，不生意外波折，则于吾愿已足。穷达有命，听之可也。"

　　亡何而意外魔劫，忽尔飞集。予在高廉甫一年有余，岑春萱〔煊〕忽自川督调两广。冤家路窄，竟尔相逢，此真梦想所不到者。顾又无法规避，只得坐以听之。迨余调雷琼，果以白简相饷。通折参劾十一人，列予于首，而处分乃甚轻微，仅请开缺送部引见。余十人则皆情节重大，有革职，有永不叙用，甚至有查抄遣戍新疆者。盖彼用意殊甚深刻，知太后对予尚有恩眷，乃以予与重咎诸员并劾，且列之于首，而故轻其处分，一似予必有狼藉不堪之情状，而彼特仰体上意，曲为回护，从轻发落者；一则以后列名诸员，既处分重罪，必皆有确切事实，不能不究。予既列在首简，决不能越次而独罪其余。轻罚则易于曲从，首列则难以独置，虽轻轻夹带，而专精营注，实挟有必得而甘之积愤。吁，可畏也！

　　其时瞿相已当国用事，与岑颇通声气。太后得折后，即交军机阅看，询如何办理。瞿已窥见太后词态，有犹豫意，即正色陈奏曰："国家二百余年制度，凡疆吏参劾属员，殆无有不允所请者，当然应照例办理。"太后婉语曰："吴永这人甚有良心，想彼做官必不至于十分过坏。此折我且主张留中，如何？"瞿复奏曰："岑春萱〔煊〕所拟吴永处分本甚轻。送部以后，太后如欲加恩，仍可酌量起用。折中尚有余人，情节重大，似未便因吴永一人而将全折一起留中，于国家体制，恐有不合。"太后意微愠，曰："我只知道吴永这人很有良心，他做官一定不能错的。像吴永这样人，岑春萱〔煊〕都要参他，天下可参之官多矣！岑春萱〔煊〕向喜参人，未必一定情真罪当。此折我总主张留中。"言毕，以手微拍作声。瞿复挺奏数语，持之甚力，太后乃勃然变色，曰："难道岑春萱〔煊〕说他坏的人，便准定是坏了么？我知道岑春萱〔煊〕的话并不十分可靠，我知道吴永是不坏的，我因吴永推想余人，亦未必一定准坏。"即以手用力连叠拍案，曰："留中，决计留中！我决计留中定了！"瞿乃不敢复语。遂将全折一并留中不发，而其余十人亦竟以无事。予当时梦梦，并不知情。戊申入都，始闻悉底蕴，盖庆邸以告陶杏南 **12** 转以语余者。岑、瞿两公，乃用搏象全力以搏兔，而竟得免膏牙爪，太后于予保护之恩遇，不得谓为不深矣。

岑在粤督任内，凡参罢文武大小官员至一千四百余人，因而获罪者亦数百人。非但睚眦必报，即素所受恩庇者亦皆以怨报之，很〔狠〕心辣手，绝是不留余地。论者谓彼对予方先以此尝试，如得允开缺，势必尚有下文，盖彼毒予至深，必欲挤之死地而后快。乃始终不能相厄，由今思之，真可谓绝大侥幸也。

岑以此折留中，知太后于予恩眷未替，遂不敢复有举动。予不久亦即以丁忧去职，竟得安然出险。方余在雷琼时，中间两遇臬司出缺，太后皆提及予名，悉为瞿善化所阻。以两宫之恩眷如此，而一官偃蹇，终至与国同休。始厄于岑，终厄于瞿，此一段锦片前程，遂尔蹉跎过去。岑一生之显宦，实皆由予作成；予一生之蹉跎，乃即由岑作梗。我为彼福星，而彼乃为我恶宿。彼苍冥冥位置，若故互相颠倒，以成其巧，殊可异也。予本安居下僚僻地，毫无营干，无端而轰轰烈烈，有此一番遭际。却又枝枝节节，受了无数折磨，结果只是冲销完帐，未沾到一毫赢息。造化弄人，作此恶剧，此所不可解者。迄今山河改色，恩怨两空。回首前尘，恍如梦寐，仅留此区区残影，萦回脑海，绝不愿向人晓聒。今日与诸君俱同事至交，重承问讯，偶一倾吐，不觉尽情宣泄。权当是村词盲鼓，茶余酒后，少资谈助，较看上海剧场扮演之假戏，当稍为值得也。

虪园居士曰：昔盱眙吴忠惠公 [13]，以无心赇赠而得厚酬，渔川以仓猝迎驾而被殊眷。两人者，同为吴姓，同有德于孝钦，同受知于患难之中，又同在知县任，遥遥数十载。后先辉映，若合符节。吁，何其巧也！忠惠名棠从木，渔川名永从水，皆以单字而藏合五行。论者至有水木清华之目，抑巧之巧矣。

顾忠惠方治滨江大邑，南北缩毂，水陆膏腴之地，锦车华节，供张馈赆，不绝于道路，区区数百金，直九牛一毛之比，又以无心而误投之，其事盖已微矣。渔川则坐困严城之中，悬命虎狼之口，空名守职，自救不暇，徒以激于区区忠义之气，径行其志，一往不顾。冒凿门之险，效负曝之愚，忘力竭无继之难，尽危身奉主之节，上不忍负国，下不忍累民，至罄其半生宦业辛勤铢寸之积，以供馈橐，掷孤注于不必得偿之地，此稍有计较之士所不肯为者。而且弃亲戚，离骨肉，仓皇被命，接淅就途，孑身从难，蹈祸福不测之危地，跋涉逾数千里，栉沐弥十五月，赔累至数万金，夷险之势既殊，难易之情迥绝。挈劳比绩，殆不可同年而语矣。

然而忠惠数年之间，由县而府而道，晋柏府[14]，历薇垣[15]，扬历数省，遂拥持旄节，总制方面，褒德赠谥，垂荫子孙，骎骎乎与云台麟阁比烈，何获报之隆也！渔川亲侍辇毂，昼日三接，颁赐稠叠，与王公贵胄相埒，以资则深，以劳则著，以地则近，以眷则优[16]，而极其所遇，简授一道而止矣。始而高廉，继而雷琼，而惠潮，而兖沂、曹济，三仕三已，终孝钦之世，回环往复，竟不能更进一阶，施百于前贤而报靳于万一。嗟夫，岂非命耶！

夫渔川以盛年膺特荐，治怀两载，声誉鼎鼎。拳民坛宇遍畿辅，而怀境肃然不敢动声息。迄于拳焰大炽，奸民悍匪，百计图报复，卒以绅民爱护之力，安处虎穴，不损毛发，奇才异政，亦大略可睹矣。向使无此一段遭际，依阶平进，区区监司连帅[17]之位，亦自可计日而操其券。然则对于孝钦，直谓之未尝得报焉，可也。

但当时以渔川得主之盛，才气之英发，柄臣权监，推襟送抱，争欲相结纳，使稍与委蛇迁就，以示之亲昵，则顺风送扇，开藩建节，直唾手间事。有行之者，捷足而先得，成效固彰彰也。顾狃于书生结习，倔强自遂，不肯稍贬损以求合，卒至不得其助而反受其挤。是以机会屡集而不获一当，虽曰天命，抑亦人谋之不臧耶。

然吾观逊国巨僚，富极贵溢，声势赫赫；改步以后，穷困失职，至不克赡衣食，杜门伏匿，藉乞贷以延旦夕者，比比相属也。官高则难于位置，名著则易受抵排。五石之瓠，乃落而无所容。而渔川因身受迭次沮抑，官不高，名不著，十余年来，犹得随时俯仰，浮沉中秩，以全生而养命。然则昔之所失者，转为今之所得，亦未可知也。

嗟乎，此事往矣！故宫禾黍，旧劫沧桑。觉罗氏一代历史，瞥如昙花过眼，已成陈迹。当日之翊卫元勋，和戎上相，在事主要人物，今皆如太空浮云，扫荡几尽，姓名爵里，渐不挂于人口。即渔川躬与其役，殆亦似黄粱觉后，追

寻梦境，仿佛不可复得。今日偶然叙述，要不过如孔云亭 [18]
《桃花扇》中末折，渔樵晚罢，闲话兴亡；槐省风清，同消
白昼。区区一人之升沉枯菀，曾何足复加注较。独念此亡国
破家，帝后出走，震天动地之大劫，迄今岁星不过两周，而
当时情状，渔川以外，已罕有能言其本末者。坊肆小册，如
《清宫秘记》等等，殆亡虑数十种，率多架空臆造。微论其
事实真伪，要于朝章国制，类茫然一无所觉。得此一夕话，
亲闻亲见，聊足矫一时悠谬之妄谈。虽言之不文，而网罗散
轶，掇拾旧闻，亦庶几乎古人传信之义，阅者略其词而谅其
意焉，可也。

　　虽然渔川之言，予既备闻之，而述之，而论之矣。顾搁
笔以后，反复循绎，尚大有不能释然于怀者。庚子一役，衅
由我起，衡之公律，固为背理。然既已不幸决裂而至于宣
战，则又不论理而论势。彼联军以绝海难继之兵，临时乌合
之舰，风习各殊之众，猜嫌互异之情，虽勉强推定冠军，号
令决难一致。区区三万余人，悬军深入，冒百忌以赌一日之
得失，以兵法论，实处于必败之势。所谓越国鄙远，吾知其
难者也。

　　当时，我国除禁军不计外，所号北洋六军，聂、马、
梅、何 [19] 各提镇所部军队，环列于畿辅者，为数当在十万
以上。以众御寡，以主敌客，以逸待劳。赚之登陆而断其

后，八面犄角，一鼓而覆之，固非甚难事也。否则围而锢之，勿加杀害，杜绝接济而使之自屈，斯仁之至义之尽矣。更不然，念子产坏垣之情，执晋文退舍之谊，画地防堵以限其马足；一面肃清内乱，然后重整敦盘，相与折冲于樽俎，彼即倾国而至，亦决无压我城下之理。乃既不能战，并不能守，京津三百余里间，一任其从容驰骋，长驱突进，如入无人之境。遂夷我堡垒，据我城郭，躏我京邑，迁我重器，屠戮我官吏，凌虐我人民，宫殿化为秽墟，衙署废为马厩。如是不已，更勒赔款；赔款不已，更须请罪；请罪不已，更停考试；停试不已，更惩罪魁。种种压迫，务欲践吾国于朝鲜、印度之列，在清室为宗社将墟之痛，在国民有国命垂绝之虞，此实我全国之奇耻大辱，患切于剥肤，而祸深于万劫者也。

我朝野上下，痛定思痛，宜如何并心一志，力图振厉，卧薪尝胆，以共脱此奴隶牛马之衔勒。乃和局甫定，两宫播越经年，仅得复还故处，绝不闻有盘庚吁众之矢言，汉武轮台之悔艾。地方官沿途供应，竞求华侈，雍容玉步，宛然如鸾辂行春、铙歌返阙之景象。于昔日之疮痍涂炭，皆已消弭净尽，不留余迹，一若未有其事者。以苟延为再造，以半主为中兴，欢笑漏舟之中，恬嬉危幕之上，是可异也。

一时柄国元僚、封疆大吏，多半皆事前显职，有列于朝，有守于位，先事不闻匡纠，临事不见设施，谁秉国成，阶此大厉，即诛责未及，亦当引罪投劾，自谢国人。乃委蛇固位，方幸以前此未有建白为得计，而晋宫衔，而赏黄袿，受不愧而居不疑。犹复忌贤疾才，争权竞宠，沾沾于语言酬应之末节，因以树门户而分渊膝，视国家之沦胥、人民之饥溺，毫不慨于其心。大臣如此，小者可知，清社之屋，于此已见，此尤可慨也！

其尤所不解者，自遭此次巨厄，逼订片面和约，层层束缚，我四万万人民之自由生命，不啻已置于他人砧俎之上，择肥分鲜，听其宰割。全国民众，顾乃淡漠相视，一如越人肥瘠，萧然绝无所与。如此极大痛史，相去不过二十余年，事由始末，已不甚有人记注。偶尔道及，亦第如先朝野乘，略资谈助，恍惚在传闻疑信之间。除当日私人局部闻见偶有著录外，从无一完善缜密之载籍。多数知识界中，虽同抱消极悲观而听天委命，要莫肯稍出其精神心血，以勉为宗国有所尽力。其当局有力者，则汲汲于据地盘，攫政柄，操戈阋墙，日腐我同胞膏血，以苟图一夕之快意。牵群羊以就屠肆，伐毛刳腹，次第将及，犹不急谋断縶共脱之法，而惟是角牴蹄啮，忿争刍秣，互相凌践，以自促其生命，此真可痛哭流涕而长太息者也。

义和拳之乱，所以酿成此大戾者，原因固甚复杂，而根本症结，实不外于二端：一则民智之过陋也。北方人民简单朴质，向乏普通教育，耳目濡染，只有小说与戏剧之两种观感。戏剧仍本于小说，括而言之，即谓之小说教育可也。小说中之有势力者，无过于两大派：一为《封神》、《西游》，侈仙道鬼神之魔法；一为《水浒》《侠义》，状英雄草泽之强梁。由此两派思想浑合制造，乃适为构成义和拳之原质。故各种教术之统系，于北方为独盛。自义和团而上溯之，若白莲、天方、八卦等教，皆〈无〉不出于直、鲁、晋、豫各境。据前清嘉庆年间那彦成疏中所述教匪源流，盖亡虑数十百种，深根固蒂，滋蔓已遍于大河南北，名目虽异，实皆与拳教同一印版。被之者普，而入之者深，虽以前清之历次铲刈，而根本固不能拔也。

一则生计之窭薄也。北方人民生活省啬，而性多偷惰，谋生之途太仄，稍一不仅〔谨〕，往往不能自振，以至于失业。因惰而游，因游而贫而困，则麇集于都会之地，藉倘来之机会以苟图衣食。群聚益众，则机会益难，非至于作奸究法，不足以维持其旦夕之命。浸淫已久，而冒险乐祸、恣睢暴戾之心生焉。明知诛责桎梏之在其后，而有势可乘，不问是非利害，姑且呐喊附和，恣意焚掠，以餍其所欲，而侥幸于万一之漏网。因多数民众，平时皆为此两种结习之所沦浃，因愚而顽，因游而暴。适有民教互阅之问题以作之导线，枭黠大猾乃利用钩煽，饮以狂药。奸民倡之，愚民和之，游民暴民益乘势而助长之，如硝磺桴炭，一旦翕合，遂轰然爆发而不可复遏。

拳乱初定，当局皆怵于已事，因而深筹密虑，乃以调和民教为惟一治本之至计。诏书宪令，丁宁剀切，至再至三而不已。不知就本案论，则民教固为其激触之始点、乱之所肇，而非其所以为乱也。衡以全局，犹本中之标也。此愚民游民之两种社会，若不澈底改革，廓清涤荡，去其所以为乱之原质，任遇何事，奸人皆可以随时利用而搆煽之。割导线而尚留硝药，危险之性永存。防于彼而失于此，乱源终不可以塞也。

今欲为拔本之计，必先深求其本中之本，从改革民众社会着手。一则注重于普通教育。改良小说，改良戏剧，组织乡约里社，实行宣讲，以种种方法，使下级社会与中上级逐渐接近；以相当之知识，递相输灌，俾多数民众，略明世界大势与人类生存之正理。勿侈言学校普及，炫难得之远功，而忽可能之近效，则事半而功自倍。一则注重于普通生业，为人民广辟谋生之途径。教以手工技艺，使多数无产阶级皆得凭自力以谋生活，殖其原料，开其销路，便其转运，通其交易。更于城市都会，整顿警察制度，广设慈善机关，使失业之人得资救济，浮浪恶少不得安足。先导以可循之路，而后乃惩之于不率之人；恩以劝其前，法以驱其后。既有恒产，必有恒心。无赖之徒，自无由而聚集；虽有豪猾，亦无法以相煽诱。无愚民，则人心不可以妄动；无游民，则乱象不至于猝成。不愚则不顽，不游则不暴。硝药既去，虽有导线，亦将何所复施？非特一时之现势如此，二十世纪以后，欲竞生存于世界，舍此亦更无他术。由义和团之事而证明之，条剖缕析，其理致益显然可见也。

顾庚子以后，忽忽又数十年矣。而当轴巨公、海内贤达，终鲜克于此二事加之注意者，夫固非见有不及而明有不烛也。徒以体大事难，国家非一人之专责，毋宁乘一旦权位，姑自厚封殖以贻子孙。不知罗珍聚宝，厝火而置积薪之上，虽缠縢扃鐍，必有一日而同尽。所谓皮之不存，毛将焉附者也。

夫良医治病，必深究于其病之所由起。吾国受病之源，亦固匪朝伊夕。自鸦片之战而外邪已入，自洪、杨之乱而元气大伤，然犹是肤膜寒热之外感。一转而入腠理，遽成绝大危症，则实自庚子一役始。今试问吾国工何以窳，商何以敝，教育何以不振，自治何以不兴，乃至军队不能具饷需，官吏不得领薪给，全国以内，无贫无富，无贵无贱，无少长男女，皆憧扰憔悴，蹙蹙然似不得安其生者，是何以故？一言以蔽之曰：以经济窘迫故。经济何以窘迫？曰：以赔款故。因赔款而有借款；因赔款借款而盐、关两税皆握于外人之手；因两税关系而百凡设施悉受牵制，如鼻受穿，如吭受扼，致呼吸运动皆不克自由舒展。何以有赔款？曰：以庚子义和团之故。因义和团而有条约，因条约而受压抑，受剥夺，受限制，国际地位遂一落而千丈。赔款特条约中之一款，而牵连以及者，实多因此一款而发生。即庚子以后，凡交涉上所受之种种损失，亦大半以此约为嚆矢。庚子一约，实吾国无期徒刑之宣告判决书，执吾手而强之署押者也。危症一现，百病交乘，由此而外感日以滋深，内腑益难清理。屈指二十余年来，内忧外患，靡有宁息。清室之所以速亡，民国之所以多难，军队之所以不戢，民气之所以偾张，直接间接，举皆于庚子一役有莫大之影响。即最近赤化之流毒，红枪会、绿枪会之所在滋蔓，实皆犹是义和之遗种，盖不出于吾前所述二义，其所以构成之原素同也。

然则吾国而不欲图治则已，如欲根本图治，深求其最初致病之故而投之以药，则庚子经过事实，固为惟一考镜之方案。因何而始，因何而终，因何而曲折变化，何时受寒，何时受热，何时而有饮食饥饱之凑泊，乃至呻吟謦笑，皆有详究之价值。固医国和缓，所当精研而密察之者也。顾同一病状，而各见所见，各闻所闻；同一见闻，而各非其非，各是其是，是又在乎审方者之周咨博采，平情体验，有以参众说而会其通。前事不忘，后事之师。渔川所言，虽亦限于局部见闻，而近水楼台，亲切明确，固访[20]闻问切之首当注意者也。

昔吴之败于越也，夫差使人立于门中，出入必呼之，因是以申儆国人，终雪先人之耻。庚子之役，于吾国创已巨矣，痛已深矣，固吾国人所当念兹在兹、悬悬于心目者。然则兹编所述，固藉以存一时轶事，亦庶几自托于夫差门者之役，以茶余之清话，作饭后之钟声，愿吾国忧时志士、爱国青年，回首前尘，毋忘檇李也。

注释

1　本版重排，未按低格，仍依前式。

2　骑箕：指大臣去世。典出《庄子·大宗师》："乘东维、骑箕尾，而比于列星。"

3　文、富指文彦博和富弼。

4　陆宝忠（1850—1908），字伯葵，原名尔诚，江苏太仓人，光绪二年进士。时任顺天学政。

5　黄思永（1842—1914）：本籍安徽徽州，寄籍江苏江宁（今南京）。光绪状元。革职削官后，投身于实业，与张謇被时人称为"商部实业两状元"。

6　张指张謇（1853—1926）：江苏南通人。字秀直，号啬庵。光绪状元。

7　洁泉：即潘守廉（1845—1939），字洁泉，山东微山县人。时任南阳知县。1927—1928年北洋政府国务总理潘馥是其子。

8　1943年本作"南阳"。

9　陶模（1835—1902）：字方之，一字子方，浙江嘉兴府秀水县人，同治七年进士，历任陕西布政使、陕甘总督等职，1900年任两广总督。

10　德寿（？—1903）：汉军镶黄旗人，耿氏，字静山，1902年调广东巡抚。

11　指教职的清贫生活。广文，即广文先生，泛指闲散的儒学教官。

12　即陶大均。陶大均（1858—1910）：字杏南，会稽陶堰（今浙江绍兴）人，曾留学日本，回国后任京师同文馆东方馆教习，两次以翻译参赞李鸿章幕府。

13　吴棠（1812—1876）：安徽盱眙（今属江苏）人。字仲宣、仲仙。与太平军在徐淮间作战达十余年之久，是清朝镇压太平军最著名的地方守令之一。后历任江苏巡抚、闽浙总督、四川总督。

14　柏府，也作栢府，御史台别称。吴棠曾加都察院右都御史衔，故称。

15　薇垣，即紫薇垣，唐代中书省称薇垣，明清多指布政司。吴棠曾任江宁布政使故称。

16　1943年本作"以眷则隆"。

17　监司：有监察州县之权的地方长官，清代按察使及有督察所属府县之权的各道道员通称监司；连帅：《礼记·王制》"十国以为连，连有帅"，泛称地方高级长官，多称观察使、按察使等职。

18　孔云亭指孔尚任。

19　聂、马指聂士成、马玉昆。梅、何指代者何，存疑。另，北洋军番号在庚子事变前尚未发布建立，当系作者误记。

20　1943年本作"望"。

跋

　　清光绪庚子之役，余方在沪，读书震旦学院。年少血气不定，痛朝局为小人所持，力谋所以倾当局者，但不欲与党人伍，以文杂投各报，自署为"庸生"，人皆目之曰狂。曾以意编《庚子祸国记》，《申报》载之，而颇为时流所诵也。其实，不过童言妄语而已，羌无事实。刘治襄同年，雄于文，下笔娓娓不倦，同值枢垣，朋辈三四人，嘈杂其左右，而能作文治事如平时，此孟子所谓不动心者也。吴公渔川，曾以怀来令随驾西狩，耳闻目见，与当时外间所传闻异辞。吴公口述，刘公笔授，随闻随记，积久而成帙，今所刊《庚子西狩丛谈》是也。阅世次，叙废兴，验物情，怀土俗，吴公意有所尽，刘公则间以己意参错其间也。吴公当年意气之豪，以为天下事一蹴可几，不料为权相所忌，卒老于监司，不得与世所艳称之吴忠惠公并显，岂非命耶？今垂垂老矣，眉间尚放白光，诚不愧曾惠敏之门楣也。世变方殷，天下可惊可怪之事，恐尚不止于庚子之犷悍也，吾将拭目以俟刘公他年之所记。

　　　　　　时中华民国十有七年四月日　南昌饶孟任跋

吴渔川先生年谱

先生讳永，字渔川，一字槃庵，别号观复道人，浙之吴兴人也。生于同治四年，殁于民国二十五年，享年七十有二。

清同治四年　　　乙丑　　一岁

是年四月三十日，诞生于四川宁远府西昌县县署。

五年　　丙寅　　二岁

六年　　丁卯　　三岁

七年　　戊辰　　四岁

八年　　己巳　　五岁

九年　　庚午　　六岁

就傅读。

十年　　辛未　　七岁

十一年　　壬申　　八岁

已能诗文，群目为逸才。

十二年　　癸酉　　九岁

十三年　　甲戌　　十岁

清光绪元年　　　乙亥　　十一岁

二年　　丙子　　十二岁

三年　　丁丑　　十三岁

四年　　　戊寅　　十四岁

父病笃，每夜就中庭焚香，吁天号泣，乞以身代。及父殁，哀毁几以身殉。

五年　　　己卯　　十五岁

随母徙成都。家贫甚，无力延师，从亲友假书读，刻苦自励，涉猎经史之余，工绘事，通音律，摹刻汉印，古茂有致，雅俊称于时。

六年　　　庚辰　　十六岁

七年　　　辛巳　　十七岁

八年　　　壬午　　十八岁

从名孝廉刘复初先生习词章。

九年　　　癸未　　十九岁

应童子试，冠前茅。

十年　　　甲申　　二十岁

从郭绍先先生游，学益大进。是年，法越搆难，投笔从戎，初为鲍超[1]部曲记名提督邓统领训诰所延致。旋入忠壮幕，治笺折，草露布，驰驱于冰天炎瘴中，备尝险阻。是时，法军屡挫，其大将孤拔战死。

十一年　　乙酉　　二十一岁

清廷与法议和，遂解甲归田。泛洞庭，客长沙，旅橐萧然，鬻书画镌刻以自给。湘阴郭子瀞[2]观察耳其名，聘为记室。闲从侍郎郭嵩焘习古文义法，艺益进。

十二年　　丙戌　　二十二岁

十三年　　丁亥　　二十三岁

由湘至京师。郭嵩焘侍郎为致荐于户部侍郎毅勇侯曾纪泽，一见拭目，馆于台吉厂邸第。

十四年　　戊子　　二十四岁

曾惠敏公纪泽以次女妻之。

十五年　　己丑　　二十五岁

十六年　　庚寅　　二十六岁

庚寅春，惠敏公薨于位。先生护丧之长沙。

十七年　　辛卯　　二十七岁

十八年　　壬辰　　二十八岁

十九年　　癸巳　　二十九岁

先生以家贫、亲老，援例以知县试吏直隶。

二十年　　甲午　　三十岁

中日启衅（甲午之战）。

二十一年　　乙未　　三十一岁

中日和议告成。侯官罗公丰禄荐先生于李文忠公（鸿章），奏派随办日本商约。

二十二年　　丙申　　三十二岁

李文忠公奉诏贺英〔俄〕皇加冕礼。南海尚书张荫桓接办商约大臣，遵旨保荐贤才，首举安徽臬司赵尔巽，伍廷芳及先生等皆列荐剡。

　　　　二十三年　　丁酉　　三十三岁

补授直隶怀来县知县。

　　　　二十四年　　戊戌　　三十四岁

莅怀来县任。兢兢吏职，以勤廉自矢，颇著循声。

　　　　二十五年　　己亥　　三十五岁

　　　　二十六年　　庚子　　三十六岁

是年，拳乱作，红巾满城，生杀任意。先生洞烛乱机，痛治之，境内晏然。秋，七月，八国联军犯京师，两宫微服仓皇出走，车驾猝莅怀来。先生守土不去，接驾有功，奉旨办理随扈前路粮台，以位卑邀重恐遭众忌，毅然奏请简派甘肃藩司岑春煊为督办，宁自居会办。至宣化，擢升知府，准专折奏事，赏道员交军机处存记。赏赉优渥，宠冠群僚，朝臣尽为侧目。

　　　　二十七年　　辛丑　　三十七岁

五月，简授广东雷琼遗缺道。两宫自西安启銮，命督办回銮前站事宜。至开封，奉懿旨：径赴广东新任，毋庸随扈。

　　　　二十八年　　壬寅　　三十八岁

补授广东高廉钦兵备道，兼统潮普等八营，督办高州清乡事宜。

二十九年　　　癸卯　　三十九岁

三十年　　　　甲辰　　四十岁

三十一年　　　乙巳　　四十一岁

调署雷琼道，兼统广东巡防七营，督办抚黎局务。旋调授惠潮嘉兵备道。十月，续娶宫保邮传部尚书盛宣怀之弱妹为继室。

三十二年　　　丙午　　四十二岁

丁忧去官，入蜀奔丧。

三十三年　　　丁未　　四十三岁

三十四年　　　戊申　　四十四岁

服阕入都，旋授山东兖沂曹济兵备道，兼管黄、运两河事宜，诰授资政大夫，赏二品顶戴。

清宣统元年　　己酉　　　四十五岁

二年　　　庚戌　　　四十六岁

三年　　　辛亥　　　四十七岁

秋，武昌起义，去官之沪。

民国元年　　壬子　　四十八岁

鲁都督周自齐召赴济南，委署山东提法使，旋改任都督府秘书长，兼筹备国会省议会选举事务所所长。

二年　　　癸丑　　四十九岁

简任胶东观察使，兼外交部烟台交涉使及侨工事务局长，给二等大绶嘉禾章。官制革新，改观察使为道尹，在任历十年之久。

三年	甲寅	五十岁
四年	乙卯	五十一岁
五年	丙辰	五十二岁
六年	丁巳	五十三岁
七年	戊午	五十四岁
八年	己未	五十五岁

与刘治襄先生初晤于济南山东省署之西园。席间，畅谈庚子故事，未竟即散。

九年	庚申	五十六岁
十年	辛酉	五十七岁

以事忤上官，遂挂冠去，从兹息影都门。

十一年	壬戌	五十八岁
十二年	癸亥	五十九岁
十三年	甲子	六十岁
十四年	乙丑	六十一岁
十五年	丙寅	六十二岁
十六年	丁卯	六十三岁

孙公宝琦、潘公复先后绾理中枢，一再辟揽，复出任国务院秘书，与刘治襄先生重共几席，赓续前问，遂成《庚子

西狩丛谈》一书，凡五卷，都七万余言。

　　　　十七年　　　戊辰　　　六十四岁

　　　　十八年　　　己巳　　　六十五岁

见国事日非，遂杜门养疴，精阐释学。

　　　　十九年　　　庚午　　　六十六岁

　　　　二十年　　　辛未　　　六十七岁

　　　　二十一年　　　壬申　　　六十八岁

　　　　二十二年　　　癸酉　　　六十九岁

　　　　二十三年　　　甲戌　　　七十岁

　　　　二十四年　　　乙亥　　　七十一岁

　　美教士浦爱德将《庚子西狩丛谈》译成英文付美国耶鲁大学刊行，后更有德文、日文译本，中外推崇，视为信史。

　　　　二十五年　　　丙子　　　七十二岁

　　十月十七日，易箦于北京宣南求志巷。先生为宦一生，所余仅图书四壁、笔砚数笥而已。

注释

1　鲍超（1828—1886）：字春亭、春霆，夔州安坪（今重庆奉节）人，湘军将领。谥忠壮。

2　郭庆藩（1844—1896）：字孟纯，号子瀞，湖南湘阳人，郭嵩焘之侄，官至江苏候补道。